A ARTE de PESQUISAR

MIRIAN GOLDENBERG

A ARTE de PESQUISAR

18ª edição

EDITORA RECORD
RIO DE JANEIRO • SÃO PAULO
2024

CIP-BRASIL. CATALOGAÇÃO NA FONTE
SINDICATO NACIONAL DOS EDITORES DE LIVROS, RJ.

G566a Goldenberg, Mirian
       A arte de pesquisar: como fazer pesquisa qualitativa em
18ª ed. Ciências Sociais / Mirian Goldenberg. – 18ª ed. – Rio de Janeiro:
Record, 2024.
Inclui glossário

ISBN 978-85-01-04965-0

1. Ciências sociais – Metodologia. 2. Pesquisa – Metodologia. 3. Pesquisa social. I. Título. II. Título: Como fazer pesquisa qualitativa em Ciências Sociais.

                                                                      CDD – 300.18
97-0797   CDU – 301:001.8

Copyright © Mirian Goldenberg, 1997

Texto revisado segundo o novo Acordo Ortográfico da Língua Portuguesa.

Todos os direitos reservados. Proibida a reprodução, armazenamento ou transmissão de partes deste livro, através de quaisquer meios, sem prévia autorização por escrito.

Direitos exclusivos desta edição reservados pela
EDITORA RECORD LTDA.
Rua Argentina, 171 – Rio de Janeiro, RJ – 20921-380 – Tel.: (21) 2585-2000

Impresso no Brasil

ISBN 978-85-01-04965-0

Seja um leitor preferencial Record
Cadastre-se em www.record.com.br e receba
informações sobre nossos lançamentos e nossas promoções.

Atendimento e venda direta ao leitor:
sac@record.com.br

*Dedico este livro a todos os meus alunos
e alunas, que têm me ensinado a ser
uma professora e pesquisadora
cada vez melhor*

Há uma idade em que se ensina o que se sabe; mas vem em seguida outra, em que se ensina o que não se sabe: isso se chama pesquisar. Vem talvez agora a idade de uma outra experiência, a de desaprender, de deixar trabalhar o remanejamento imprevisível que o esquecimento impõe à sedimentação dos saberes, das culturas, das crenças que atravessamos. Essa experiência tem, creio eu, um nome ilustre e fora de moda, que ousarei tomar aqui sem complexo, na própria encruzilhada de sua etimologia: sapientia: *nenhum poder, um pouco de saber, um pouco de sabedoria, e o máximo de sabor possível.*

ROLAND BARTHES

Sumário

Introdução	11
(Re)aprendendo a olhar	13
Pesquisa qualitativa em ciências sociais	16
A Escola de Chicago e a pesquisa qualitativa	26
Estudos de caso	35
O método biográfico em ciências sociais	39
Objetividade, representatividade e controle de *bias* na pesquisa qualitativa	48
Pesquisa qualitativa: problemas teórico-metodológicos	58
Integração entre análise quantitativa e qualitativa	67
Faça a pergunta certa!	74
Formulando o problema de pesquisa	77
Construindo o projeto de pesquisa	80
Os passos da pesquisa	84
Fichamento da teoria	87
Entrevistas e questionários	91
Pensando como um cientista	99
Análise e relatório final	100
Algumas palavras finais	105
Glossário	107

Introdução

Quando inicio um curso de metodologia de pesquisa noto, no semblante de meus alunos, uma profunda má vontade. Costumo perguntar sobre suas experiências anteriores com esta disciplina e, com raríssimas exceções, são unânimes em afirmar que a matéria foi muito desinteressante na faculdade. Com esta recepção, não é fácil iniciar um curso de dezenas de horas ou semanas.

Ao final do curso, no entanto, sempre encontro alunos entusiasmados, empolgados com seus projetos, e não raro com manifestações de carinho e agradecimentos.

Quero, com este livro, passar um pouco desta experiência prazerosa em sala de aula e também mostrar que a pesquisa científica não é algo de apenas alguns eleitos, podendo ser exercida em qualquer campo de estudo. Metodologia científica é muito mais do que algumas regras de como fazer uma pesquisa. Ela auxilia a refletir e propicia um "novo" olhar sobre o mundo: um olhar científico, curioso, indagador e criativo.

Minha primeira experiência com pesquisa científica foi em 1978, aos 21 anos, quando ingressei no Mestrado de Educação da Pontifícia Universidade Católica do Rio de Janeiro. Após dois anos e meio defendi minha dissertação "O deficiente auditivo no mundo do trabalho: um estudo sobre a satisfação profissional". Com orientação da professora Nícia Bessa, que cobrava relatórios semanais, fui a primeira da turma a defender a dissertação. É preciso registrar a importância dos nossos primeiros orientadores, que nos ensinam a pensar, ter disciplina e escrever corretamente. A minha verdadeira formação como pesquisadora, no entanto, se iniciou dez anos depois, em 1988, quando ingressei no Programa de Pós-Graduação em Antropologia Social, do Museu Nacional, Universidade Federal do Rio de Janeiro, para fazer meu doutoramento. Nesse ambiente de intensas e calorosas discussões, de professores e alunos brilhantes, encontrei solo fértil para começar a fazer pesquisa na área das assim chamadas Ciências Humanas ou Ciências Sociais. Desde então, contagiada pelo vírus do "olhar científico", não consegui parar de pesquisar.

(Re)aprendendo a olhar

A ciência não corresponde a um mundo a descrever. Ela corresponde a um mundo a construir.

BACHELARD

O OBJETIVO PRINCIPAL DESTE LIVRO é ensinar o "olhar científico" e mostrar que a pesquisa não se reduz a certos procedimentos metodológicos. A pesquisa científica exige criatividade, disciplina, organização e modéstia, baseando-se no confronto permanente entre o possível e o impossível, entre o conhecimento e a ignorância. Nenhuma pesquisa é totalmente controlável, com início, meio e fim previsíveis. A pesquisa é um processo em que é impossível prever todas as etapas. O pesquisador está sempre em estado de tensão porque sabe que seu conhecimento é parcial e limitado — o "possível" para ele.

No meu entender, não existe um único modelo de pesquisa. Neste livro apresentarei um dos caminhos possíveis: o caminho que tenho buscado seguir.

Assim, quando falo de metodologia estou falando de um caminho possível para a pesquisa científica. O que determina como trabalhar é o problema que se quer trabalhar: só se escolhe o caminho quando se sabe aonde se quer chegar.

Anteriormente as ciências se pautavam por um modelo quantitativo de pesquisa, em que a veracidade de um estudo era verificada pela quantidade de entrevistados. Muitos pesquisadores, no entanto, questionaram a representatividade e o caráter de objetividade de que a pesquisa quantitativa se revestia. É preciso encarar o fato de que, mesmo nas pesquisas quantitativas, a subjetividade do pesquisador está presente. Na escolha do tema, dos entrevistados, no roteiro de perguntas, na bibliografia consultada e na análise do material coletado, existe um autor, um sujeito que decide os passos a serem dados. Na pesquisa qualitativa a preocupação do pesquisador não é com a representatividade numérica do grupo pesquisado, mas com o aprofundamento da compreensão de um grupo social, de uma organização, de uma instituição, de uma trajetória etc. Neste livro irei me deter na pesquisa qualitativa, na qual venho trabalhando desde 1988.

É bom lembrar que nós, estudiosos brasileiros, estamos pouco acostumados ao verdadeiro debate de ideias. Entendemos como ataques pessoais muitas críticas que podem contribuir para o amadurecimento de nosso trabalho. A socialização do pesquisador exige um exercício permanente de crítica e autocrítica.

Espero encontrar leitores-alunos dispostos a viver intensamente esta experiência decisiva: a de expor seus trabalhos a uma crítica permanente. Este livro é, na verdade, um difícil (e espero prazeroso) desafio: um exercício para aprender a pensar cientificamente, com criatividade, organização, clareza e, acima de tudo, sabor.

Pesquisa qualitativa em ciências sociais

AO SE PENSAR nas origens da pesquisa qualitativa em ciências sociais, corre-se o risco de se perder num caminho longo demais, que procurando as origens das origens não chega jamais ao fim. Poderia chegar a Heródoto, que, descrevendo a guerra entre a Pérsia e a Grécia, se dedicou a esboçar os costumes, as vestimentas, as armas, os barcos, os tabus alimentares e as cerimônias religiosas dos persas e povos circunvizinhos.

Não pretendo fazer um caminho tão longo mas, para situar a questão da utilização de técnicas e métodos qualitativos de pesquisa nas ciências sociais dentro de uma discussão filosófica mais ampla, acredito ser importante elucidar o debate entre a sociologia positivista e a sociologia compreensiva.

Os pesquisadores que adotam a abordagem qualitativa em pesquisa se opõem ao pressuposto que defende um modelo único de pesquisa para todas as ciências, baseado no modelo de estudo das ciências da natureza. Estes pesquisadores se recusam a legitimar seus conhecimentos por processos quantificáveis que venham a se transformar em leis e explicações

gerais. Afirmam que as ciências sociais têm sua especificidade, que pressupõe uma metodologia própria.
Os pesquisadores qualitativistas recusam o modelo positivista aplicado ao estudo da vida social. O fundador do positivismo, Augusto Comte (1798-1857), defendia a unidade de todas as ciências e a aplicação da abordagem científica na realidade social humana. Com base em critérios de abstração, complexidade e relevância prática, Comte estabeleceu uma hierarquia das ciências, em que a matemática ocupava o primeiro lugar, e a sociologia ou "física social", o último, precedida, em ordem decrescente, da astronomia, física, química e biologia. Para Comte, cada ciência dependia do desenvolvimento da que a precedeu. Portanto, a sociologia não poderia existir sem a biologia, que não poderia existir sem a química, e assim por diante.

Nesta perspectiva, na qual o objeto das ciências sociais deve ser estudado tal qual o das ciências físicas, a pesquisa é uma atividade neutra e objetiva, que busca descobrir regularidades ou leis, em que o pesquisador não pode fazer julgamentos nem permitir que seus preconceitos e crenças contaminem a pesquisa.

Émile Durkheim (1858-1917), preocupado, como Comte, com a ordem na sociedade e com a primazia da sociedade sobre o indivíduo, também se posicionou a favor da unidade das ciências. Tomando "os fatos sociais como coisas", Durkheim defendia que o social é real e externo ao indivíduo, ou seja, o fenômeno social, como o fenômeno físico, é independente da consciência humana e verificável através da experiência dos sentidos e da observação.

Durkheim acreditava que os fatos sociais só poderiam ser explicados por outros fatos sociais, e não por fatos psicológicos ou biológicos, como pretendiam alguns pensadores de seu tempo. Defendendo a visão da ciência social como neutra e objetiva, na qual sujeito e objeto do conhecimento estão radicalmente separados, Durkheim teve uma influência decisiva para que as ciências sociais tenham adotado o método científico das ciências naturais.

Na segunda metade do século passado, alguns pensadores, influenciados pelo idealismo de Kant, reagiram criticamente ao modelo positivista de conhecimento aplicado às ciências sociais, acreditando que o estudo da realidade social por meio de métodos de outras ciências poderia destruir a própria essência desta realidade, já que esquecia a dimensão de liberdade e individualidade do ser humano.

A sociologia compreensiva, que tem suas raízes no historicismo alemão, distinguindo "natureza" de "cultura", considera necessário, para estudar os fenômenos sociais, um procedimento metodológico diferente daquele utilizado nas ciências físicas e matemáticas. O filósofo alemão Wilhelm Dilthey (1833-1911) foi um dos primeiros a criticar o uso da metodologia das ciências naturais pelas ciências sociais, em função da diferença fundamental entre seus objetos de estudo. Nas primeiras, os cientistas lidam com objetos externos passíveis de serem conhecidos de forma objetiva, enquanto nas ciências sociais lidam com emoções, valores, subjetividades. Esta diferença se traduz em diferenças nos objetivos e nos métodos de pesquisa. Para Dilthey, os fatos sociais não são suscetíveis de quantificação, já que cada um deles tem um sentido próprio, diferente dos demais, e isso torna necessário que cada caso concreto seja compreendido em sua singularidade. Portanto, as ciências sociais devem se preocupar com a compreensão de casos particulares e não com a formulação de leis generalizantes, como fazem as ciências naturais.

Por meio de dois conceitos, Dilthey diferenciou o método das ciências naturais — *erklaren* —, que busca generalizações e a descoberta de regularidades, do das ciências sociais — *verstehen* —, que visa à compreensão interpretativa das experiências dos indivíduos dentro do contexto em que foram vivenciadas.

O maior representante da chamada sociologia compreensiva é Max Weber (1864-1920), que se apropriou da ideia de *verstehen* proposta por Dilthey. Para Weber, o principal interesse da ciência social é o comportamento significativo dos indivíduos engajados na ação social, ou seja, o comportamento ao qual os indivíduos agregam significado considerando o comportamento de outros indivíduos. Os cientistas sociais, que pesquisam os significados das ações sociais de outros indivíduos e deles próprios, são sujeito e objeto de suas pesquisas. Nesta perspectiva, que se opõe à visão positivista de objetividade e de separação radical entre sujeito e objeto da pesquisa, é natural que cientistas sociais se interessem por pesquisar aquilo que valorizam. Estes cientistas buscam compreender os valores, crenças, motivações e sentimentos humanos, compreensão que só pode ocorrer se a ação é colocada dentro de um contexto de significado.

Esta discussão filosófica mais geral, que diferencia as ciências sociais das demais ciências, contextualiza o surgimento e o desenvolvimento das técnicas e métodos qualitativos de pesquisa social.

Frédéric Le Play, contemporâneo de Comte, foi um dos primeiros a estudar a realidade social dentro de uma perspectiva científica que considerava a observação direta, controlável e objetiva da sociedade como o método mais adequado à pesquisa social. Em *La Réforme Sociale en France* (1864), Le Play expõe o método das monografias, que se caracteriza por ser uma técnica, ordenada e metódica, de observação direta da sociedade. Trouxe de sua experiência de mineralogista, na qual estava habituado a colher amostras de jazidas para serem analisadas, a preocupação de observar diretamente e analisar sistematicamente as famílias operárias localizadas nos diferentes países da Europa onde pesquisou. De seus registros minuciosos e ordenados resultou um conjunto de monografias reunidas em *Les ouvriers européens* (1855).

No final do século XIX e início do século XX, os estudos dos antropólogos nas sociedades "primitivas" foram determinantes para o desenvolvimento das técnicas de pesquisa que permitem recolher diretamente observações e informações sobre a cultura nativa. As sociedades estudadas diretamente por esses antropólogos são sociedades sem escrita, longínquas, isoladas, de pequenas dimensões, com reduzida especialização das atividades sociais, sendo classificadas como "simples" ou "primitivas" em contraste com a organização "complexa" das sociedades dos pesquisadores.

O primeiro antropólogo a conviver com os nativos foi o americano Lewis Henry Morgan, um dos mais expressivos representantes do pensamento evolucionista. Jurista de formação, em 1851 publicou *The League of Ho-dé-no-sau-nee, or Iroquois*, considerado o primeiro tratado científico de etnografia. Mas foram os trabalhos de campo de Franz Boas, entre 1883 e 1902, e, particularmente, a expedição de Bronislaw Malinowski às ilhas Trobriand, que consagraram a ideia de que os antropólogos deveriam passar um longo período de tempo na sociedade que estão estudando para encontrar e interpretar seus próprios dados, em vez de depender dos relatos dos viajantes, como faziam os "antropólogos de gabinete".

Nos primeiros trinta anos do século XX, o trabalho de campo passou a orientar as pesquisas antropológicas. Boas, um geógrafo de formação, crítico radical dos antropólogos evolucionistas, ensinou que no campo tudo deveria ser anotado meticulosamente e que um costume só tem significado se estiver relacionado ao seu contexto particular. Ensinou também o "relativismo cultural": o pesquisador deveria estudar as culturas com um mínimo de preconceitos etnocêntricos. Para Boas, o que constitui o "gênio próprio" de um povo repousa sobre as experiências individuais e, portanto, o objetivo do pesquisador é compreender a vida do indivíduo dentro da própria sociedade em que vive. Boas foi o grande mestre da antropologia americana na primeira metade do século XX. Formou toda uma geração de antropólogos, como Ralph Linton, Ruth Benedict e Margaret Mead, considerados representantes da antropologia cultural americana, que utiliza métodos e técnicas de pesquisa qualitativa somados a modelos conceituais próximos da psicologia e da psicanálise.[1]

A primeira experiência de campo de Malinowski foi em 1914, entre os mailu na Melanésia. Impedido de voltar à Inglaterra, no início da Primeira Guerra Mundial, ele começou sua pesquisa nas ilhas Trobriand, de 1915 a 1916, retornando em 1917 para uma estada de mais um ano. Esta longa convivência com os nativos teve uma influência decisiva na inovação do método de pesquisa antropológica. *Argonauts of the Western Pacific*, publicado em 1922, é um verdadeiro tratado sobre o trabalho de campo. A convivência íntima com os nativos passou a ser considerada o

---

[1] A expressão "culturalismo" ou "teoria culturalista da personalidade" foi empregada pela primeira vez nos anos 1950 para se referir às pesquisas americanas sobre as relações entre cultura e personalidade.

melhor instrumento de que o antropólogo dispõe para compreender "de dentro" o significado das lógicas particulares características de cada cultura. Malinowski demonstrou que o comportamento nativo não é irracional, mas se explica por uma lógica própria que precisa ser descoberta pelo pesquisador. Colocou em prática a observação participante, criando um modelo do que deve ser o trabalho de campo: o pesquisador, por meio de uma estada de longa duração, deve mergulhar profundamente na cultura nativa, impregnando-se da mentalidade nativa. Deve viver, falar, pensar e sentir como os nativos.

Malinowski, considerado o pai do funcionalismo, acreditava que cada cultura tem como função a satisfação das necessidades básicas dos indivíduos que a compõem, criando instituições capazes de responder a estas necessidades. A análise funcional consiste em analisar todo fato social do ponto de vista das relações de interdependência que ele mantém, sincronicamente, com outros fatos sociais no interior de uma totalidade. A conduta de observação etnográfica, assim como a apresentação dos resultados sob a forma monográfica, obedecem aos pressupostos do método funcional.

Grande parte da renovação das ciências sociais se deve às influências (diretas ou indiretas) dos métodos de pesquisa de Malinowski. *Argonauts of the Western Pacific* provocou uma verdadeira ruptura metodológica na antropologia, priorizando a observação direta e a experiência pessoal do pesquisador no campo.

Malinowski sugeriu três questões para o trabalho de campo: o que os nativos dizem sobre o que fazem? O que realmente fazem? O que pensam a respeito do que fazem? Por meio do contato íntimo com a vida nativa, exaustivamente registrado no diário de campo, Malinowski buscou as respostas destas questões preocupando-se em compreender o ponto de vista nativo. Para Malinowski, a antropologia era o estudo segundo o qual compreendendo o "primitivo" poderíamos chegar a compreender melhor a nós mesmos. A rica experiência de campo de Malinowski, assim como suas propostas metodológicas, influenciaram decisivamente a aplicação de técnicas e métodos de pesquisa qualitativa em ciências sociais.

Na década de 1970, surge nos EUA, inspirada na ideia weberiana de que a observação dos fatos sociais deve levar à compreensão (e não a um conjunto de leis), a antropologia interpretativa. Um dos principais representantes da abordagem interpretativa é Clifford Geertz, que propõe um modelo de análise cultural hermenêutico: o antropólogo deve fazer uma descrição em profundidade ("descrição densa") das culturas como "textos" vividos, como "teias de significados" que devem ser interpretados. De acordo com Geertz, os "textos" antropológicos são interpretações sobre as interpretações nativas, já que os nativos produzem interpretações de sua própria experiência. Tais textos são "ficções", no sentido de que são "construídos" (não falsos ou inventados). Esta perspectiva se traduz em um permanente questionamento do antropólogo a respeito dos limites de sua capacidade de conhecer o grupo que estuda e na necessidade de expor, em seu texto, suas dúvidas, perplexidades e os caminhos que levaram a sua interpretação, percebida sempre como parcial e provisória.

Geertz inspirou a tendência atual da chamada antropologia reflexiva ou pós-interpretativa, que propõe uma autorreflexão a respeito do trabalho de campo nos seus aspectos morais e epistemológicos. Esta antropologia questiona a autoridade do texto antropológico e propõe que o resultado da pesquisa não seja fruto da observação pura e simples, mas de um diálogo e de uma negociação de pontos de vista entre pesquisador e pesquisados.

A Escola de Chicago e a pesquisa qualitativa

A UNIVERSIDADE DE CHICAGO surgiu em 1892 e em 1910 o seu departamento de sociologia e antropologia tornou-se o principal centro de estudos e de pesquisas sociológicas dos EUA. Em 1930, o termo Escola de Chicago foi utilizado pela primeira vez por Luther Bernard, em "Schools of sociology". Por este termo, designa-se um conjunto de pesquisas realizadas, a partir da perspectiva interacionista, particularmente depois de 1915[2] na cidade de Chicago. Um de seus traços marcantes é a orientação multidisciplinar, envolvendo, principalmente, a sociologia, a antropologia, a ciência política, a psicologia e a filosofia. O departamento de sociologia e antropologia da Universidade de Chicago esteve unido até 1929, o que sugere que as pesquisas etnográficas contribuíram para dar legitimidade às técnicas e métodos qualitativos na pesquisa sociológica em grandes centros urbanos.

---

[2]Após 1935, acentuou-se o conflito entre uma sociologia quantitativista, que viria a se tornar dominante nos EUA, e a sociologia qualitativa que se produzia na Escola de Chicago.

Já desde o final do século XIX, o interacionismo simbólico³ exercia uma profunda influência sobre a sociologia de Chicago, através da presença de George Herbert Mead e do filósofo americano John Dewey. Dewey, que lecionou em Chicago de 1894 até 1904, trouxe para o interacionismo o pragmatismo, uma filosofia de intervenção social que postula que o pesquisador deve estar envolvido com a vida de sua cidade e se interessar por sua transformação social. Mead, considerado o arquiteto da perspectiva interacionista, lecionou na Universidade de Chicago até 1931. Sua perspectiva teórica, fortemente marcada pela influência da psicologia social e de Georg Simmel, que trouxe para a sociologia a filosofia de Kant, é apresentada em *Mind, Self and Society*.⁴

Para Mead, a associação humana surge apenas quando cada indivíduo percebe a intenção dos atos dos outros e, então, constrói sua própria resposta em função desta intenção. Tais intenções são transmitidas por meio de gestos que se tornam simbólicos, ou seja, passíveis de serem interpretados. A sociedade humana se funda em sentidos compartilhados sob a forma de compreensões e expectativas comuns. O

---

³Em 1937, Blumer criou o termo interacionismo simbólico e sistematizou seus pressupostos básicos em *Symbolic Interactionism, Perspective and Method*, onde discute os mais importantes aspectos da interação simbólica tentando ser fiel ao pensamento de Mead.
⁴Mead não publicou, em vida, uma obra sobre a sua teoria. Seus quatro livros foram organizados, após a sua morte em 1931, a partir de palestras, aulas, notas e manuscritos.

componente significativo de um ato acontece através do *role-taking*: o indivíduo deve se colocar no lugar de outro. Ao afirmar que o indivíduo possui um *self*, Mead enfatiza que, da mesma forma que interage socialmente com outros indivíduos, ele interage consigo mesmo. O *self* representa o outro incorporado ao indivíduo. É formado por meio das definições feitas por outros que servirão de referencial para que o indivíduo possa ver a si mesmo.

Enfatizando a natureza simbólica da vida social, Mead postula que são as atividades interativas dos indivíduos que produzem as significações sociais. Uma consequência importante deste postulado é que o pesquisador só pode ter acesso a esses fenômenos particulares, que são as produções sociais significantes dos indivíduos, quando participa do mundo que se propõe a estudar. O interacionismo simbólico, ao contrário da concepção durkheimiana que defende que as manifestações subjetivas não pertencem ao domínio da sociologia, afirma que é a concepção que os indivíduos têm do mundo social que constitui o objeto essencial da pesquisa sociológica.

O interacionismo simbólico destaca a importância do indivíduo como intérprete do mundo que o cerca e, consequentemente, desenvolve métodos de pesquisa que priorizam os pontos de vista dos indivíduos. O propósito destes métodos é compreender as significações que os próprios indivíduos põem em prática para construir seu mundo social. Como a realidade social só aparece sob a forma de como os indivíduos veem este mundo, o meio mais adequado para captar a realidade é aquele que propicia ao pesquisador ver o mundo através "dos olhos dos pesquisados".

A pesquisa da Escola de Chicago tem a marca do desejo de produzir conhecimentos úteis para a solução de problemas sociais concretos que enfrentava a cidade de Chicago. Grande parte de seus estudos refere-se aos problemas da imigração e da integração dos imigrantes à sociedade americana, delinquência, criminalidade, desemprego, pobreza, minorias e relações raciais.

Devido à sua forte preocupação empírica, uma das contribuições mais importantes da Escola de Chicago foi o desenvolvimento de métodos originais de pesquisa qualitativa: a utilização científica de documentos pessoais, como cartas e diários íntimos, a exploração de diversas fontes documentais e o desenvolvimento do trabalho de campo sistemático na cidade.

O estudo de W. I. Thomas e F. Znaniecki sobre a vida social dos camponeses poloneses nos EUA é um ótimo exemplo da sociologia praticada pela Escola de Chicago. *The Polish Peasant in Europe and America* (1918-1920) é um estudo da emigração de camponeses poloneses e dos seus problemas de assimilação nos EUA. Os dois pesquisadores reuniram dados coletados na Polônia e nos Estados Unidos: artigos de jornais diários, arquivos de tribunais e de associações americano-polonesas, fichários de associações de assistência social, cartas trocadas entre famílias que viviam nos Estados Unidos e na Polônia, além do longo relato autobiográfico de um imigrante polonês.

Thomas e Znaniecki dedicaram todo um volume de *The Polish Peasant*[5] a uma autobiografia escrita por um imigrante polonês em Chicago. Essa autobiografia foi cotejada com outras fontes, como cartas familiares, jornais diários e arquivos. Aplicando um dos princípios do interacionismo simbólico, os dois pesquisadores acreditavam que por meio do registro da vida de um imigrante poderiam penetrar e compreender "por dentro" o seu mundo.

Grande parte da produção da Escola de Chicago foi orientada por Robert Park, que, antes de se tornar professor de sociologia em Chicago de 1914 a 1933, foi, durante vários anos, jornalista, atividade que influenciou seus métodos de pesquisa e de seus discípulos. Park considerava a cidade como o laboratório de pesquisas sociológicas por excelência.

Muitas pesquisas de Chicago voltaram-se para um problema candente nos EUA: os conflitos étnicos e as tensões raciais. Pesquisas sobre as comunidades de imigrantes, sobre os conflitos raciais entre brancos e negros, sobre criminalidade, desvio e delinquência juvenil, tornaram a sociologia de Chicago famosa em todo o mundo.

---

[5]*The Polish Peasant in Europe and America* tem mais de 2.200 páginas, distribuídas em cinco volumes.

Frederic Thrasher publicou, em 1923, sua tese de doutorado sobre as gangues de Chicago. John Landesco publicou, em 1929, uma obra com uma vasta pesquisa sobre a criminalidade de Chicago, a partir de histórias de vida de gângsteres. Uma das obras mais famosas da Escola de Chicago, *The Jack-Roller: A delinquent boy's own story*, publicada em 1930, é baseada na história de vida de um jovem delinquente de dezesseis anos, Stanley, que Clifford Shaw acompanhou durante seis anos, dentro e fora da prisão. Logo depois, em 1931, Shaw publicou *The natural history of a delinquent career*, sobre um adolescente acusado de estupro. Em 1937, Edwin Sutherland publicou um estudo, baseado no relato autobiográfico de um ladrão profissional, sobre sua vida cotidiana e suas diferentes práticas (roubo, estelionato, fraude, extorsão etc.). Estes estudos demonstram a preocupação dos pesquisadores de Chicago em analisar os graves problemas enfrentados pela cidade a partir do ponto de vista dos indivíduos que são vistos socialmente como os principais responsáveis.

The Polish Peasant, em 1918-1920, inaugurou o período mais expressivo da sociologia qualitativa de Chicago, que, em 1949, com a publicação de *The american soldier*, de Samuel Stouffer, deu lugar a um período de crescente utilização de técnicas de pesquisa quantitativa na sociologia americana. Stouffer, desde 1930, defendia a estatística como um método de pesquisa mais eficaz e mais científico do que a história de vida ou o estudo de caso.

Apesar da importância e originalidade das pesquisas qualitativas da Escola de Chicago, não se pode deixar de lado suas pesquisas quantitativas. Em 1929, Shaw e outros pesquisadores publicaram uma obra sobre a delinquência urbana em que recensearam cerca de 60 mil domicílios de "vagabundos, criminosos e delinquentes" de Chicago, para demonstrar as taxas de criminalidade em diferentes bairros.

E. Burgess, um dos nomes mais representativos da Escola de Chicago, apontava, em 1927, que os métodos da estatística e dos estudos de caso não são conflitivos mas mutuamente complementares e que a interação dos dois métodos poderia ser muito fecunda. Afirmava que as comparações estatísticas poderiam sugerir pistas para a pesquisa feita com estudos de caso, e que estes poderiam, trazendo à luz os processos sociais, conduzir a indicadores estatísticos mais adequados.

É preciso destacar que a sociologia da Escola de Chicago abriu caminhos para a sociologia como um todo, principalmente no que diz respeito à utilização de métodos e técnicas de pesquisa qualitativa. O trabalho de campo tornou-se uma prática de pesquisa corrente também na sociologia e não apenas na antropologia. Também proporcionou vários temas de pesquisa à sociologia contemporânea e desenvolveu novas correntes teóricas, como as teorias do rótulo e do desvio. Dentre os estudos mais representativos desta corrente estão os de Howard Becker e Erving

Goffman. *Outsiders: studies in the sociology of deviance* (1963), de Howard Becker, sobre músicos profissionais fumantes de maconha, discute os processos pelos quais os desviantes são definidos como tais pela sociedade que os cerca, mais do que pela natureza do ato que praticam. *The Presentation of Self in Everyday Life* (1959), de Goffman, analisa os "desempenhos teatrais" dos atores sociais em suas ações do dia a dia.

A Escola de Chicago abriu caminho para correntes teóricas que, mesmo não podendo ser diretamente associadas a ela, não deixam de apresentar certa influência de sua abordagem metodológica, como a fenomenologia sociológica e a etnometodologia. A primeira busca sua fundamentação na filosofia de Husserl, que faz uma crítica radical ao objetivismo da ciência. O argumento de Husserl é o mesmo de W. Dilthey e Max Weber: os atos sociais envolvem uma propriedade — o significado — que não está presente em outros setores do universo abarcados pelas ciências naturais. Proceder a uma análise fenomenológica é substituir as construções explicativas pela descrição do que se passa efetivamente do ponto de vista daquele que vive a situação concreta. A fenomenologia quer atingir a essência dos fenômenos, ultrapassando suas aparências imediatas. O pensamento fenomenológico traz para o campo de estudo da sociedade o mundo da vida cotidiana, onde o homem se situa com suas angústias e preocupações. A etnometodologia apoia-se nos métodos fenomenológicos e hermenêuticos com o objetivo de compreender o dia a dia do homem comum na sociedade complexa. Harold Garfinkel estabeleceu as bases metodológicas e o quadro conceitual da etnometodologia em *Studies in Ethnomethodology*, publicado em 1967 nos EUA. Garfinkel define sua teoria como uma forma de compreender a prática artesanal da vida cotidiana, interpretada já numa primeira instância pelos atores sociais. A etnometodologia procura descobrir as práticas e representações segundo as quais as pessoas negociam, cotidianamente, a sua inserção nos grupos. A sociologia de Garfinkel repousa sobre o reconhecimento da capacidade reflexiva e interpretativa de todo ator social. Estas duas escolas, a fenomenologia e a etnometodologia, inserem-se na tradição metodológica qualitativa ao tentar ver o mundo através dos olhos dos atores sociais e dos sentidos que eles atribuem aos objetos e às ações sociais que desenvolvem.

Estudos de caso

O TERMO ESTUDO DE CASO vem de uma tradição de pesquisa médica e psicológica, na qual se refere a uma análise detalhada de um caso individual que explica a dinâmica e a patologia de uma dada doença. Este método supõe que se pode adquirir conhecimento do fenômeno estudado a partir da exploração intensa de um único caso. Adaptado da tradição médica, o estudo de caso tornou-se uma das principais modalidades de pesquisa qualitativa em ciências sociais. O estudo de caso não é uma técnica específica, mas uma análise holística, a mais completa possível, que considera a unidade social estudada como um todo, seja um indivíduo, uma família, uma instituição ou uma comunidade, com o objetivo de compreendê-los em seus próprios termos.[6] O estudo de caso reúne o maior número de informações detalhadas, por meio de diferentes técnicas de pesquisa, com o

---

[6]Uma das dificuldades do estudo de caso decorre do fato de a totalidade pesquisada ser uma abstração científica construída em função de um problema a ser investigado. Torna-se difícil traçar os limites do que deve ou não ser pesquisado já que não existe limite inerente ou intrínseco ao objeto.

objetivo de apreender a totalidade de uma situação e descrever a complexidade de um caso concreto. Por meio de um mergulho profundo e exaustivo em um objeto delimitado, o estudo de caso possibilita a penetração na realidade social, não conseguida pela análise estatística. Diferente da "neutra" sociologia das médias estatísticas, em que as particularidades são removidas para que se mostre apenas as tendências do grupo, no estudo de caso as diferenças internas e os comportamentos desviantes da "média" são revelados, e não escondidos atrás de uma suposta homogeneidade. Moacir Palmeira[7] mostra que a pesquisa quantitativa pressupõe uma padronização e se ilude com a ideia de que questões formalmente idênticas tenham o mesmo significado para indivíduos diferentes. A observação direta, diz o autor, apresenta a vantagem metodológica de permitir um acompanhamento mais prolongado e minucioso das situações. Essa técnica, complementada pelas técnicas de entrevista em profundidade, revela o significado daquelas situações para os indivíduos, que sempre é mais amplo do que aquilo que aparece em um questionário padronizado. O tipo de dados e de procedimentos de pesquisa que normalmente se relacionam com o método do estudo de caso, como a observação participante e as entrevistas em profundidade,

---

[7]Moacir Palmeira. "Emprego e mudança sócio-econômica no Nordeste" em *Anuário antropológico, 76.* Rio de Janeiro: Tempo Brasileiro, 1977.

têm suas origens em uma tradição de pesquisa antropológica nas sociedades "primitivas".

Não é possível formular regras precisas sobre as técnicas utilizadas em um estudo de caso porque cada entrevista ou observação é única: depende do tema, do pesquisador e de seus pesquisados. Como os dados não são padronizados e não existe nenhuma regra objetiva que estabeleça o tempo adequado de pesquisa, um estudo de caso pode durar algumas semanas ou muitos anos. O pesquisador deve estar preparado para lidar com uma grande variedade de problemas teóricos e com descobertas inesperadas, e, também, para reorientar seu estudo. É muito frequente que surjam novos problemas que não foram previstos no início da pesquisa e que se tornam mais relevantes do que as questões iniciais.

Uma proposta de Pierre Bourdieu é "boa para pensar" a utilização do estudo de caso em ciências sociais. Bourdieu, em "Introdução a uma sociologia reflexiva", explica a importância da "interrogação sistemática de um caso particular" para retirar dele as propriedades gerais ou invariantes, ocultas "debaixo das aparências de singularidade."

"É ele [o raciocínio analógico] que permite mergulharmos completamente na particularidade do caso estudado sem que nela nos afoguemos, como faz a idiografia empirista, e realizarmos a intenção de *generalização*, que é a própria ciência, não pela aplicação de grandes construções formais e vazias, mas por essa maneira particular de pensar o caso particular que consiste em pensá-lo verdadeiramente como tal. Este modo de pensamento realiza-se de maneira perfeitamente lógica pelo recurso ao *método comparativo*, que permite pensar relacionalmente um caso particular constituído em caso particular do possível."[8]

---

[8]Pierre Bourdieu. "Introdução a uma sociologia reflexiva" em *O poder simbólico*. Lisboa: Difel, 1989. pp. 32-33 (grifos do autor).

O método biográfico em ciências sociais

A UTILIZAÇÃO DO MÉTODO biográfico em ciências sociais vem, necessariamente, acompanhada de uma discussão mais ampla sobre a questão da singularidade de um indivíduo *versus* o contexto social e histórico em que está inserido. Para Franco Ferrarotti,[9] por exemplo, cada vida pode ser vista como sendo, ao mesmo tempo, singular e universal, expressão da história pessoal e social, representativa de seu tempo, de seu lugar, de seu grupo, síntese da tensão entre a liberdade individual e o condicionamento dos contextos estruturais. Portanto, cada indivíduo é uma síntese individualizada e ativa de uma sociedade, uma reapropriação singular do universo social e histórico que o envolve. Se cada indivíduo singulariza em seus atos a universalidade de uma estrutura social, é possível "ler uma sociedade através de uma biografia", conhecer o social partindo-se da especificidade irredutível de uma vida individual.

---

[9]Franco Ferrarotti. *Histoire et Histoires de Vie: le méthode biographique dans les sciences sociales.* Paris: Librairie des Méridiens, 1983.

Ou, como afirma Norman Denzin,[10] inspirado em Sartre, o homem é "um singular universal". Aspásia Camargo, ao defender a utilização do método biográfico para estudar a elite política brasileira, lembra que os ganhos iniciais dos estudos de história de vida podem ser identificados em pesquisas sobre o comportamento desviante desenvolvidas pela Escola de Chicago. A autora, ao adotar a abordagem de história de vida, concentrou-se em estudar o que chamou de *inner circle*, um pequeno número de pessoas que formulam e implementam políticas estratégicas. Para ela, reconstituir suas histórias de vida é o melhor caminho para conhecer estes indivíduos que tomam decisões estratégicas, suas origens, seus instrumentos para controlar e manter o poder, seus valores e interesses. Uma das dificuldades desta abordagem, apontada pela autora, é que se limita àquelas pessoas que "querem falar". Para muitos membros da elite, o silêncio e a discrição são a regra pois "quanto mais destacados e politicamente ativos forem os atores, mais conscientes são também do risco de conceder informações 'verdadeiras' sobre seu próprio desempenho ou de seus pares".[11] A autora aponta como seus melhores informantes os políticos aposentados, os ex-

---

[10] Norman K. Denzin. "Interpretando as vidas das pessoas comuns: Sartre, Heidegger e Faulkner" em *Dados-Revista de Ciências Sociais*, vol. 27, nº 1, 1984. p. 30.
[11] Aspásia Camargo. "Os usos da História Oral e da História de Vida: Trabalhando com elites políticas" em *Dados-Revista de Ciências Sociais*, vol. 27, nº 1, 1984. p. 14.

cluídos, os exilados, os perdedores: aqueles que, ao contrário de temer o interesse do pesquisador, procuram denunciar injustiças, traições, corrupção e os interesses do grupo.

A autora propõe que se supere a dicotomia determinismo e livre-arbítrio, como princípios conflitantes que objetivam explicar o desempenho individual e a ação social, para enxergar nas trajetórias singulares o reflexo das condições históricas e culturais em que se inserem. A abordagem de história de vida cria "um tipo especial de documento no qual a experiência pessoal entrelaça-se à ação histórica, diluindo os antagonismos entre *subjetividade* e *objetividade*".[12] O objetivo é estabelecer uma clara articulação entre biografia individual e seu contexto histórico e social. Ao tomar como exemplo algumas das trajetórias mais significativas da elite política dos anos 1930, a autora afirma que vê, em cada uma delas, "o reflexo perfeito das condições históricas e culturais do período, sem no entanto perder seu caráter singular e típico".[13]

Um estudo exemplar para discutir a relação indivíduo e sociedade a partir de uma análise de biografia é o de Norbert Elias, *Mozart: sociologia de um gênio*.[14] Esta análise é uma importante referência teórica

---

[12] Idem, p. 16 (grifos da autora).
[13] Idem, p. 18.
[14] Norbert Elias. *Mozart: sociologia de um gênio*. Rio de Janeiro: Zahar, 1994.

para compreender o que uma determinada trajetória diz sobre o momento histórico, cultural e político em que ocorreu, sobre comportamentos e valores que reflete ou antecipa e as condições sociais existentes para o aparecimento de um artista singular.

Norbert Elias estuda não apenas Mozart, mas a posição que o compositor ocupou na sociedade de sua época, as determinações que pesaram sobre seu destino e os constrangimentos que sofreu no exercício de sua criação. O autor pensa a liberdade de cada indivíduo inscrita numa cadeia de interdependências que o liga aos outros homens, limitando o que é possível decidir ou fazer. Elias busca compreender como o homem que se tornou o "símbolo do maior prazer musical que o mundo conhece" encontrou uma morte prematura. Analisa os dois elementos que considera fundamentais para explicar o curso trágico da vida de Mozart: a relação com o pai e os conflitos com a aristocracia de corte.

Elias revela que as razões pelas quais Mozart se sentiu um fracasso só podem ser entendidas considerando-se o conflito existente na Áustria, e em quase toda a Europa da segunda metade do século XVIII, entre os padrões de uma classe mais antiga, a aristocracia de corte, e os de outra, a burguesia em ascensão. Na geração de Mozart, um compositor que quisesse ter sua música reconhecida e garantir a subsistência dependia de um cargo numa corte. Elias lembra que os músicos eram tão indispensáveis nos palácios dos príncipes quanto pasteleiros, cozinheiros e criados: tinham o mesmo *status* na hierarquia da corte.

Ao apresentar o modelo das estruturas sociais em que vivia um músico no século XVIII — e a posição dominante dos padrões cortesãos de comportamento, sentimento, gosto musical e vestuário —, Elias demonstra o que Mozart era capaz de fazer como indivíduo, e o que não era capaz de fazer, apesar de sua grandeza e singularidade. Mozart viveu o drama de um artista burguês na sociedade de corte: a identificação com o gosto cortesão e a vontade de ter sua música reconhecida pela nobreza; e o ressentimento pela humilhação de ser tratado como serviçal pelos aristocratas da corte. Ao contrário do pai, nunca aceitou esta posição e, consciente do valor de sua música, queria ser reconhecido como igual (ou superior) por quem o tratava como inferior.

Norbert Elias chama a atenção para a curiosa contradição dos desejos dos *outsiders*: a tentativa de romper com o *establishment* e, ao mesmo tempo, a luta pelo reconhecimento e aceitação deste *establishment*. Para ser um músico da corte, além de qualificações musicais, era necessário assimilar o padrão de comportamento cortesão. Mas Mozart não tinha as habilidades necessárias para conquistar os nobres: odiava bajulações, era franco, direto e até rude com as pessoas de quem dependia. Com pouco mais de 20 anos, desistiu de seu posto relativamente seguro de regente da orquestra e organista da corte de Salzburgo e foi ganhar a vida como artista autônomo, dando aulas de música e concertos para o público vienense, vendendo seu talento e suas obras em um mercado incipiente, predominantemente composto de aristocratas da corte.

Elias mostra que o conceito de gênio é aplicado a Mozart com os olhos do presente, já que esta noção surgiu depois de sua morte, com o romantismo. Na sua época, era muito difícil se estabelecer como artista autônomo e conseguir "dar rédea livre às suas fantasias", como Mozart desejava. Elias, analisando a mudança na posição social do artista — do patronato ao mercado livre —, lembra que Beethoven, nascido em 1770, quase 15 anos depois de Mozart, conseguiu com muito menos problemas libertar-se da dependência do patronato da corte, impor seu gosto a um público pagante e alcançar sucesso com a venda de suas composições para os editores. Mozart antecipou atitudes e sentimentos de um tipo posterior de artista: o artista livre, que confia acima de tudo em seu talento, numa época em que a estrutura social não oferecia tal lugar para os músicos. Mozart nasceu numa sociedade que não permitia a existência de um artista individualizado e independente, "foi um gênio antes da época dos gênios".

Para Norbert Elias, o caso individual de Mozart tem uma importância paradigmática: interessa a todos compreender como surge um talento criativo singular. Norbert Elias lembra que a "sociologia de um gênio" não é feita para reduzir ou destruir sua fama, mas para melhor compreender sua dimensão humana. O autor, ao fornecer instrumentos para compreender como um indivíduo se transforma, após sua morte, em "gênio", permite pensar como indivíduos se transformam em modelos para as demais pessoas de suas sociedades e de suas épocas. Elias demonstra que somente condições muito particulares de existência (sociais, históricas, familiares e psicológicas) permitiram o reconhecimento da genialidade de Mozart. Sua análise contribui para questionar a visão essencialista que percebe o indivíduo como encarnação de um gênio, como algo que está contido em si próprio, inexplicável, hereditário, que vem do berço. Elias demonstra que o indivíduo se faz por suas atividades e pelas condições que dispõe para realizá-las no contexto histórico e social em que existiu. Norbert Elias ajuda a compreender a vida não só de Mozart, mas a trajetória de outros indivíduos considerados gênios, revolucionários, heróis ou loucos.

Elias, um estudioso que combina sólida formação em filosofia, psicologia e sociologia, mostra que o caso de Mozart é "bom para pensar" a relação de um indivíduo com o mundo em que vive e contribui para transformar.

Foi a partir desta perspectiva que desenvolvi minha tese de doutorado sobre a trajetória de Leila Diniz, buscando entender como ela se tornou um modelo para as mulheres de sua época. Ao tomar emprestado o título da minha tese de uma música de Rita

Lee, *Toda mulher é meio Leila Diniz*, busquei demonstrar que ao analisar a vida de Leila Diniz estava analisando, também, o "campo de possibilidades" e as questões colocadas para as mulheres de sua geração, particularmente na cidade do Rio de Janeiro. Analisei, por meio de uma trajetória singular, as transformações dos papéis femininos ocorridos na década de 1960, principalmente no que diz respeito à sexualidade, conjugalidade e maternidade. Iniciei com a desconstrução do mito Leila Diniz, por meio de uma análise minuciosa de cinco materiais biográficos (dois livros, dois vídeos e um filme feito sobre a vida da atriz). Inspirada em Michael Pollak, realizei entrevistas em profundidade com os familiares de Leila Diniz, buscando apreender o "não dito" no material biográfico. Tomando como referência os estudos de Pierre Bourdieu, comparei a trajetória artística de Leila Diniz com a trajetória de Cacilda Becker. Por meio destas duas atrizes, discuti o campo do teatro, cinema e televisão no Brasil, do início do século até a década de 1970.

Howard Becker[15] tem algumas reflexões interessantes sobre a utilização do método biográfico nas ciências sociais. Este autor considera que a principal diferença entre o método biográfico nas ciências sociais e as biografias e autobiografias tradicionais está na perspectiva a partir da qual o trabalho é realizado

---

[15]Howard Becker. *Métodos de pesquisa em ciências sociais*. São Paulo: Hucitec, 1994.

e nos métodos utilizados. O pesquisador, alerta Becker, deve estar consciente do fato de que as biografias, autobiografias e histórias de vida não revelam a totalidade da vida de um indivíduo, mas apenas uma versão selecionada de modo a apresentá-lo como o retrato de si que prefere mostrar aos outros, ignorando o que pode ser trivial ou desagradável para ele, embora de grande interesse para a pesquisa.

Howard Becker enfatiza o valor das biografias, atribuindo grande importância às interpretações que as pessoas fazem de sua própria experiência como explicação para o comportamento social. Defendendo a utilização de outras fontes, para serem cotejadas às histórias de vida, Becker utiliza a imagem do mosaico para pensar sobre este tipo de método. Para ele, cada peça acrescentada num mosaico contribui para a compreensão do quadro como um todo. O método biográfico pode acrescentar a visão do lado subjetivo dos processos institucionais estudados, como as pessoas concretas experimentam estes processos e pode levantar questões sobre esta experiência mais ampla.

A utilização do método biográfico em ciências sociais é uma maneira de revelar como as pessoas universalizam, por meio de suas vidas e de suas ações, a época histórica em que vivem.

Objetividade, representatividade e controle de *bias*[16] na pesquisa qualitativa

MUITOS CIENTISTAS SOCIAIS acusam a pesquisa qualitativa de não apresentar padrões de objetividade, rigor e controle científico, já que não possui testes adequados de validade e fidedignidade, assim como não produz generalizações que visem à construção de um conjunto de leis do comportamento humano. Outra crítica diz respeito à falta de regras de procedimento rigorosas para guiar as atividades de coleta de dados, o que pode dar margem para que o *bias* do pesquisador venha a modelar os dados que coleta, os quais, portanto, não podem ser usados como evidência científica.

Cientistas sociais como Max Weber, Pierre Bourdieu e Howard Becker acreditam ser fundamental a explicitação de todos os passos da pesquisa para evitar o *bias* do pesquisador. Recusam a suposta neutralidade do pesquisador quantitativista e propõem que o pesquisador tenha consciência da interferência de seus

---

[16] A utilização do termo em inglês é comum entre os cientistas sociais. Pode ser traduzido como viés, parcialidade, preconceito.

valores na seleção e no encaminhamento do problema estudado. A tarefa do pesquisador é reconhecer o *bias* para poder prevenir sua interferência nas conclusões. Para os autores citados, não existe outra forma para excluir o *bias* nas ciências sociais do que enfrentar as valorações introduzindo as premissas valorativas de forma explícita nos resultados da pesquisa.

Não podendo ser realizada a objetividade nas pesquisas sociais, e o conhecimento objetivo e fidedigno permanecendo como o ideal da ciência, o pesquisador deve buscar o que Pierre Bourdieu chama de objetivação: o esforço controlado de conter a subjetividade. Trata-se de um esforço porque não é possível realizá-lo plenamente, mas é essencial conservar-se esta meta, para não fazer do objeto construído um objeto inventado. A simples escolha de um objeto já significa um julgamento de valor na medida em que ele é privilegiado como mais significativo entre tantos outros sujeitos à pesquisa. O contexto da pesquisa, a orientação teórica, o momento sócio-histórico, a personalidade do pesquisador e o *ethos* do pesquisado influenciam o resultado da pesquisa. Quanto mais o pesquisador tem consciência de suas preferências pessoais mais é capaz de evitar o *bias*, muito mais do que aquele que trabalha com a ilusão de ser orientado apenas por considerações científicas.

Wright Mills, em *A imaginação sociológica*,[17] propõe que o cientista social seja autoconsciente, reco-

---

[17] C. Wright Mills. *A imaginação sociológica*. Rio de Janeiro: Zahar, 1965.

nhecendo que, necessariamente, seus valores estão envolvidos na escolha dos problemas estudados e, por isso, devem ser permanentemente explicitados. É precisamente quando se pretende uma objetividade absoluta, quando se crê ter recolhido fatos objetivos, quando se eliminam dos resultados da pesquisa todos os traços da implicação pessoal no objeto de estudo, que se corre mais o risco de se afastar da objetividade possível.

Howard Becker é um dos cientistas sociais que mais têm se preocupado em refletir sobre a questão da objetividade nas ciências sociais. Para refutar a pretensa neutralidade dos *surveys*, Becker levanta o problema, bastante frequente, dos entrevistadores que induzem ou falsificam seus dados com respostas imaginárias para entrevistas que nunca foram realizadas.

Mas se o *bias* do pesquisador pode afetar os dados coletados em pesquisas mais controladas, não afetará muito mais em pesquisas qualitativas, onde o pesquisador tem um número maior de oportunidades de escolher apenas as evidências que lhe são convenientes? Os pesquisadores qualitativos têm muito mais liberdade do que os entrevistadores de *surveys* e podem ter vários tipos de atitudes que vão desde sorrisos até intervenções mais diretas. Como, então, podem ser consideradas objetivas as conclusões baseadas em dados que podem ter sido assim coletados?

Becker lembra que o entrevistado de um *survey* é abordado por alguém que nunca viu antes e espera nunca mais ver de novo. Uma vez que ele não é constrangido por nada além das pressões que surgem na situação imediata da entrevista, estas pressões têm grande probabilidade de exercer um efeito de *bias* sobre o que ele diz. Já as pessoas que um pesquisador qualitativo estuda, em geral, são observadas de diferentes maneiras durante um longo período de tempo, o que torna mais difícil que elas fabriquem o seu comportamento durante toda a duração da pesquisa. A pesquisa qualitativa, por meio da observação participante e entrevistas em profundidade, combate o perigo de *bias*, porque torna difícil para o pesquisado a produção de dados que fundamentem de modo uniforme uma conclusão equivocada, e torna difícil para o pesquisador restringir suas observações de maneira a ver apenas o que sustenta seus preconceitos e expectativas.

Para Becker, as técnicas da pesquisa qualitativa permitem um maior controle do *bias* do pesquisador do que as da pesquisa quantitativa. Por meio, por exemplo, da observação participante, por um longo período de tempo, o pesquisador coleta os dados através da sua participação na vida cotidiana do grupo ou da organização que estuda, observa as pessoas para ver como se comportam, conversa para descobrir as interpretações que têm sobre as situações que observou, podendo comparar e interpretar as respostas dadas em diferentes situações. Ele terá dificuldade de ignorar as informações que contrariam suas hipóteses, do mesmo modo que as pessoas que estuda teriam dificuldade de manipular, o tempo todo, impressões que podem afetar sua avaliação da situação. Observações numerosas feitas durante um longo período de tempo ajudam o pesquisador a se proteger contra seu *bias*, consciente ou inconsciente, contra "ver apenas o que quer ver".

Becker também discute a questão do *bias* do pesquisador ao tratar da hierarquia de credibilidade dos informantes da pesquisa qualitativa. Em geral, são entrevistados aqueles que estão nos níveis superiores de uma organização, que parecem "saber mais" sobre o problema estudado, do que aqueles que estão nos níveis inferiores. Uma das maneiras de evitar este *bias* é entrevistar todos os envolvidos, comparando as versões dos superiores com as dos subordinados, evitando, conscientemente, ficar a favor de um lado ou de outro. Outra maneira de evitar o *bias* é assumir, também conscientemente, "de que lado o pesquisador está", explicitando esta escolha nas conclusões da pesquisa.

Outro possível *bias* decorre do fato de a pesquisa ficar restrita aos indivíduos e às organizações que permitam ser pesquisados, deixando de lado aqueles que se recusam a ser estudados. Este fato pode ter sérias implicações nos resultados das pesquisas, já que aqueles que resolvem falar devem ter motivações e interesses bastante diversos daqueles que se recusam a falar. Mais uma vez, a única forma de tentar minimizar este problema é explicitando detalhadamente os limites das escolhas feitas. Além disso, Becker enfatiza a necessidade de tornar explícitos os resultados negativos dos estudos, de mostrar as dificuldades e os (des)caminhos percorridos pelo pesquisador até chegar aos resultados de sua pesquisa. Em geral, os pesquisadores "escondem" as suas dificuldades em seus relatórios de pesquisa, preferindo mostrar apenas "o que deu certo".

Diferentemente dos dados estatísticos, que podem ser resumidos em tabelas, os dados da pesquisa qualitativa não se prestam a tal resumo. Um dos problemas da pesquisa qualitativa é que os pesquisadores geralmente não apresentam os processos por meio dos quais suas conclusões foram alcançadas. O pesquisador deve tornar essas operações claras para aqueles que não participaram da pesquisa, através de uma descrição explícita e sistemática de todos os passos do processo, desde a seleção e a definição dos problemas até os resultados finais pelos quais as conclusões foram alcançadas e fundamentadas. Becker chama esta solução para o problema da apresentação dos resultados da pesquisa qualitativa de "história natural" das conclusões. Se este método for empregado, outros estudiosos serão capazes de acompanhar os detalhes da análise e ver como e em que bases o pesquisador chegou às suas conclusões. Isso daria, então, a oportunidade de outros pesquisadores fazerem seus próprios julgamentos quanto à adequação da prova e ao grau de confiança a ser atribuído à conclusão.

Na discussão sobre a representatividade dos dados coletados por meio de uma pesquisa qualitativa está embutida a questão da possibilidade (ou não) de sua generalização, a partir do modelo das ciências naturais, que se impõe como paradigma. Nas abordagens que privilegiam a compreensão do significado dos fatos sociais, a questão da representatividade dos dados é vista de forma diferente do positivismo.

Partindo do princípio de que o ato de compreender está ligado ao universo existencial humano, as abordagens qualitativas não se preocupam em fixar leis para se produzir generalizações. Os dados da pesquisa qualitativa objetivam uma compreensão profunda de certos fenômenos sociais apoiados no pressuposto da maior relevância do aspecto subjetivo da ação social. Contrapõem-se, assim, à incapacidade da estatística de dar conta dos fenômenos complexos e da singularidade dos fenômenos que não podem ser identificados por meio de questionários padronizados.

Enquanto os métodos quantitativos supõem uma população de objetos comparáveis, os métodos qualitativos enfatizam as particularidades de um fenômeno em termos de seu significado para o grupo pesquisado. É como um mergulho em profundidade dentro de um grupo "bom para pensar" questões relevantes para o tema estudado.

O reconhecimento da especificidade das ciências sociais conduz à elaboração de um método que permita o tratamento da subjetividade e da singularidade dos fenômenos sociais. Com estes pressupostos básicos, a representatividade dos dados na pesquisa qualitativa em ciências sociais está relacionada à sua capacidade de possibilitar a compreensão do significado e a "descrição densa" dos fenômenos estudados em seus contextos e não à sua expressividade numérica.

A quantidade é, então, substituída pela intensidade, pela imersão profunda — através da observação participante por um período longo de tempo, das entrevistas em profundidade, da análise de diferentes fontes que possam ser cruzadas — que atinge níveis de compreensão que não podem ser alcançados por meio de uma pesquisa quantitativa. O pesquisador qualitativo buscará casos exemplares que possam ser reveladores da cultura em que estão inseridos. O número de pessoas é menos importante do que a teimosia em enxergar a questão sob várias perspectivas.

Um motivo pelo qual as pessoas se preocupam com a possibilidade de as conclusões das pesquisas qualitativas não serem objetivas é que os pesquisadores às vezes surgem com conclusões bastante diferentes a respeito de organizações ou comunidades supostamente semelhantes. Se os métodos são objetivos, pergunta-se Becker, dois estudos do mesmo grupo não deveriam produzir resultados semelhantes? Não, ele mesmo responde, já que os pesquisadores podem ter se preocupado com questões e enfoques diferentes. A diferença de resultados indica não a falta de objetividade dos pesquisadores mas que estavam observando coisas diferentes a partir de enfoques, teóricos e metodológicos, diferentes. Não se deve esperar resultados semelhantes e sim que estes resultados sejam compatíveis, que as conclusões de um estudo não contradigam, implícita ou explicitamente, as de outro.

Seja qual for o método, qualitativo ou quantitativo, ele sempre dirige sua atenção apenas para certos aspectos dos fenômenos, os que parecem importantes para o pesquisador em função de suas pressuposições. A totalidade de qualquer objeto de estudo é uma construção do pesquisador, definida em termos do que lhe parece mais útil para responder ao seu problema de pesquisa. É irreal supor que se pode ver, descrever e descobrir a relevância teórica de tudo. Na verdade, o pesquisador acaba se concentrando em alguns problemas específicos que lhe parecem de maior importância.

Por fim, cabe assinalar as possíveis consequências de uma interação de longo prazo com o objeto de estudo, em que é difícil evitar sentimentos de amizade, lealdade e obrigação, que podem provocar censuras nos resultados da pesquisa. O pesquisador, em suas conclusões, corre o risco de censurar dados considerados negativos pelo grupo, vistos como comprometedores de sua imagem pública ou sua autoimagem. Este *bias* pode ser evitado reproduzindo cuidadosamente um relato completo de todos os eventos observados, em momentos diferentes do dia ou do ano, procurando membros de grupos diferentes da comunidade ou organização. Observar aspectos diferentes, sob enfoques diferentes, pode não só contribuir para reduzir o *bias* da pesquisa como, também, propiciar uma compreensão mais profunda do problema estudado.

Pesquisa qualitativa: problemas teórico-metodológicos

GRANDE PARTE DOS PROBLEMAS teórico-metodológicos da pesquisa qualitativa é decorrente da tentativa de se ter como referência o modelo positivista das ciências naturais, não se levando em conta a especificidade dos objetos de estudo das ciências sociais. Os dados qualitativos consistem em descrições detalhadas de situações com o objetivo de compreender os indivíduos em seus próprios termos. Estes dados não são padronizáveis como os dados quantitativos, obrigando o pesquisador a ter flexibilidade e criatividade no momento de coletá-los e analisá-los. Não existindo regras precisas e passos a serem seguidos, o bom resultado da pesquisa depende da sensibilidade, intuição e experiência do pesquisador. Mesmo os pesquisadores que usam métodos de pesquisa qualitativa criticam a falta de regras de procedimento rigorosas para guiar as atividades de coleta de dados e a ausência de reflexão teórica, o que pode dar margem para que o *bias* do pesquisador venha a modelar os dados que coleta.

Ruth Cardoso[18] apontou para a falta de uma crítica teórico-metodológica consistente no campo das ciências sociais e para algumas das armadilhas e limitações das pesquisas qualitativas. A autora descreve um "indisfarçado pragmatismo (muitas vezes confundido com politização)" que dominou as ciências sociais contemporâneas e desqualificou o debate sobre os compromissos teóricos que cada método exige. Eunice Durham[19] concorda com esta crítica ao afirmar que ocorreu uma politização crescente dos estudos em ciências sociais, com a preocupação dos pesquisadores em descobrirem uma aplicação imediata e direta dos resultados de sua pesquisa que beneficie a população estudada. Sem deixar de ver como necessária a identificação do pesquisador com seu objeto, porque sem ela é impossível a compreensão "de dentro", Durham adverte para o risco de se explicar a sociedade por meio das categorias "nativas", sem uma análise científica sobre as mesmas e sem uma reflexão teórica e metodológica sobre a postura militante do cientista social.

Aaron Cicourel[20] já havia advertido para o perigo de o pesquisador ficar tão envolvido com o grupo estu-

---

[18]Ruth C. L. Cardoso. "Aventuras de antropólogos em campo ou como escapar das armadilhas do método" em *A aventura antropológica*. Rio de Janeiro. Paz e Terra, 1986.
[19]Eunice R. Durham. "A pesquisa antropológica com populações urbanas" em *A aventura antropológica*. Rio de Janeiro, Paz e Terra, 1986.
[20]Aaron Cicourel. "Teoria e método em pesquisa de campo" em *Desvendando máscaras sociais*. Rio de Janeiro: Francisco Alves, 1980.

dado que poderia se tornar um "nativo", sem compreender as consequências desta "conversão" para os objetivos da pesquisa, como, por exemplo, "tornar-se cego para muitas questões importantes cientificamente". Cicourel aponta para as faltas de regras processuais claras que definam o papel do pesquisador no campo desde o momento de sua inserção.

Mariza Peirano, em *A favor da etnografia*,[21] afirma que nossa tradição etnográfica se baseia no princípio de que a criatividade pode superar a falta de disciplina e a carência de um *ethos* científico. Não se pode, diz a autora, ensinar a fazer pesquisa de campo como se ensinam os métodos estatísticos, técnicas de *surveys*, aplicação de questionário. A pesquisa qualitativa depende da biografia do pesquisador, das opções teóricas, do contexto mais amplo e das imprevisíveis situações que ocorrem no dia a dia da pesquisa.

Um dos principais problemas a ser enfrentado na pesquisa qualitativa diz respeito à possível contaminação dos seus resultados em função da personalidade do pesquisador e de seus valores. O pesquisador interfere nas respostas do grupo ou indivíduo que pesquisa. A melhor maneira de controlar esta interferência é ter a consciência de como sua presença afeta o grupo e até que ponto este fato pode ser minimizado ou, inclusive, analisado como dado da pesquisa.

---

[21]Mariza Peirano. *A favor da etnografia*. Rio de Janeiro: Relume-Dumará, 1995.

Maria Isaura Pereira de Queiroz enfatiza que a omissão de fatos, de ocorrências, de detalhes pode ser tão significativa quanto a sua inclusão nos depoimentos. Para a autora, o importante não é verificar se o entrevistado conhece ou não o fato, "mas sim buscar saber por que razão ele o havia esquecido, ou o havia ocultado, ou simplesmente dele não tivera registro".[22] O pesquisador deve estabelecer um difícil equilíbrio para não ir além do que pode perguntar mas, também, não ficar aquém do possível. Além disso, a memória é seletiva, a lembrança diz respeito ao passado mas se atualiza sempre a partir de um ponto do presente. As lembranças não são falsas ou verdadeiras, simplesmente contam o passado através dos olhos de quem o vivenciou. Um trabalho de negociação e compromisso, como afirma Pollak, que consiste em interpretar, ordenar ou rechaçar (temporária ou definitivamente) toda experiência vivida de maneira a torná-la coerente com uma identidade construída: *"il s'agit, en un mot, d'intégrer le présent dans le passé"*.[23]

Ainda sobre as entrevistas em profundidade, é preciso apontar algumas de suas inúmeras limitações e dificuldades, como, por exemplo, o constrangimento que pode causar ao pesquisado o fato de ter suas

---

[22]Maria Isaura Pereira de Queiroz. *Variações sobre a técnica de gravador no registro da informação viva*. (Col. Textos, 4). São Paulo: CERU e FFLCH/USP, 1983. p. 76.
[23]Michael Pollak. "Le Témoignage" em *Actes de la Recherche en Sciences Sociales* (62-63).

informações gravadas ou anotadas pelo pesquisador. Esta é uma "negociação" que deve ser feita desde logo, para minimizar o problema. O pesquisador deve elaborar um roteiro de questões claras, simples e diretas, para não se perder em temas que não interessam ao seu objetivo. Um problema frequente é o da conservação do material coletado. Muitos pesquisadores qualitativos não se preocupam com o registro minucioso e a conservação dos documentos ou gravações, impossibilitando que outros pesquisadores tenham acesso aos seus dados ou que ele próprio possa retomá-los no futuro.

Existem algumas qualidades essenciais que o pesquisador deve possuir para ter sucesso em suas entrevistas: interesse real e respeito pelos seus pesquisados, flexibilidade e criatividade para explorar novos problemas em sua pesquisa, capacidade de demonstrar compreensão e simpatia por eles, sensibilidade para saber o momento de encerrar uma entrevista ou "sair de cena" e, como lembra Paul Thompson,[24] principalmente, disposição para ficar calado e ouvir. Thompson, ao analisar a situação de entrevista, afirma que quem não consegue parar de falar nem resistir à tentação de discordar do informante e de impor suas próprias ideias, irá obter informações que são inúteis ou enganosas.

---

[24] Paul Thompson. *A voz do passado: história oral*. Rio de Janeiro: Paz e Terra, 1992.

Howard Becker admite que, no lugar de procedimentos uniformes, prefere um modelo artesanal de ciência, no qual cada pesquisador produz as teorias e técnicas necessárias para o trabalho que está sendo feito. Segundo Becker, os cientistas sociais podem e devem improvisar soluções para os seus problemas de pesquisa, sentindo-se livres para inventar os métodos capazes de responder às suas questões. Becker alerta que a escolha das teorias que orientam a pesquisa também está contaminada pelas preferências e dificuldades do pesquisador, já que uma organização ou grupo pode ser visto de muitas maneiras diferentes, nenhuma delas certa ou errada, visto que são alternativas possíveis e talvez complementares. Não é possível formular regras precisas sobre as técnicas de pesquisa qualitativa porque cada entrevista ou observação é única: depende do tema, do pesquisador e de seus pesquisados.

A delimitação do objeto de estudo deve ser claramente explicitada pelo pesquisador para que outros pesquisadores analisem as conclusões obtidas. A escolha do objeto está relacionada a um problema central deste tipo de abordagem: a questão da representatividade do caso escolhido. Ao contrário das pesquisas quantitativas, em que a representatividade se estabelece através de procedimentos claros, não existem regras precisas para a escolha de um caso a ser estudado de forma aprofundada pelo cientista social. A exemplaridade de um indivíduo ou grupo, a possibilidade de explorar um problema em profundidade em uma instituição ou família, são alguns dos motivos que levam à escolha do objeto de estudo. Esta escolha depende, fortemente, da sensibilidade e experiência do pesquisador e não apenas de características objetivas do grupo estudado. O pesquisador deve, então, apresentar claramente as características do indivíduo, organização ou grupo que foram determinantes para sua escolha, de tal forma que o leitor possa tirar suas próprias conclusões sobre os resultados e a sua possível aplicação em outros grupos ou indivíduos em situações similares. O pesquisador deve precisar as dificuldades e os limites da pesquisa, as pessoas que o ajudaram em sua entrada no campo (que são determinantes para a construção da identidade do pesquisador pelo grupo estudado), as pessoas que se recusaram a dar entrevistas, as perguntas que não foram respondidas pelos pesquisados, as contradições apresentadas, a (in)consistência das respostas, possibilitando uma visão ampla do estudo, e não apenas dos aspectos que "deram certo".

Um dos principais problemas da pesquisa qualitativa está relacionado à certeza do próprio pesquisador com relação aos seus dados. A sensação de dominar profundamente o seu objeto de estudo o faz esquecer que somente uma parte bem reduzida da totalidade está representada nos dados. A consequência é a possibilidade de tentar generalizar dados que se baseiam em análises de determinados casos particulares. O pesquisador corre o risco de usar mais suas intuições do que um quadro de referência teórico apropriado para analisar seus dados.

O fato de ter uma convivência profunda com o grupo estudado pode contribuir para que o pesquisador "naturalize" determinadas práticas e comportamentos que deveria "estranhar" para compreender. Malinowski chama atenção para a "explosão de significados" no momento de entrada no campo, em que cada fato observado na cultura nativa é significativo para o pesquisador. O olhar que "estranha", em um primeiro momento, passa a "naturalizar" em seguida e torna-se "cego" para dados valiosos.

É comum que pesquisadores se vejam em situações delicadas com o indivíduo ou grupo pesquisado que extrapolam os limites da pesquisa, como pedido de dinheiro ou de favores, convites inapropriados, telefonemas após o término da pesquisa etc. Todos estes problemas, decorrentes do envolvimento intenso com o objeto de estudo, precisam ser administrados pelo pesquisador de tal forma que sua pesquisa não fique comprometida. Quanto mais intensa a relação, maior a necessidade de um "distanciamento" do pesquisador, que torne possível a sua reflexão sobre cada dificuldade que, com certeza, terá de enfrentar. A questão do relacionamento entre pesquisador e objeto, da possível dependência ou disputa de poder, é um dos maiores problemas que devem ser enfrentados. Como não existem regras claras, cada pesquisador deve ter bom senso e criatividade para encaminhar as soluções para cada situação. A experiência e a maturidade do pesquisador são fatores determinantes para que a pesquisa seja bem-sucedida.

Integração entre análise quantitativa e qualitativa

MUITOS PESQUISADORES QUE utilizam métodos de pesquisa qualitativos consideram que os *surveys* servem apenas para dar legitimidade ao senso comum, visto que não contribuem para a compreensão dos fenômenos sociais. Para estes cientistas sociais, os métodos quantitativos simplificam a vida social limitando-a aos fenômenos que podem ser enumerados. Afirmam que as abordagens quantitativas sacrificam a compreensão do significado em troca do rigor matemático.

Max Weber acreditava que se podia tirar proveito da quantificação na sociologia, desde que este método se mostrasse fértil para a compreensão de um determinado problema, e não obscurecesse a singularidade dos fenômenos que não poderia ser captada através da generalização. Como nenhum pesquisador tem condições para produzir um conhecimento completo da realidade, diferentes abordagens de pesquisa podem projetar luz sobre diferentes questões. É o conjunto de diferentes pontos de vista, e diferentes maneiras de coletar e analisar os dados (qualitativa e quantitativamente), que permite uma ideia mais ampla e inteligível da complexidade de um problema.

A integração da pesquisa quantitativa e qualitativa permite que o pesquisador faça um cruzamento de suas conclusões de modo a ter maior confiança de que seus dados não são produto de um procedimento específico ou de alguma situação particular. Ele não se limita ao que pode ser coletado em uma entrevista: pode entrevistar repetidamente, pode aplicar questionários, pode investigar diferentes questões em diferentes ocasiões, pode utilizar fontes documentais e dados estatísticos.

A maior parte dos pesquisadores em ciências sociais admite, atualmente, que não há uma única técnica, um único meio válido de coletar os dados em todas as pesquisas. Acreditam que há uma interdependência entre os aspectos quantificáveis e a vivência da realidade objetiva no cotidiano. A escolha de trabalhar com dados estatísticos ou com um único grupo ou indivíduo, ou com ambos, depende das questões levantadas e dos problemas que se quer responder. É o processo da pesquisa que qualifica as técnicas e os procedimentos necessários para as respostas que se quer alcançar. Cada pesquisador deve estabelecer os procedimentos de coleta de dados que sejam mais adequados para o seu objeto particular. O importante é ser criativo e flexível para explorar todos os possíveis caminhos e não reificar a ideia positivista de que os dados qualitativos comprometem a objetividade, a neutralidade e o rigor científico.

A combinação de metodologias diversas no estudo do mesmo fenômeno, conhecida como triangulação,[25] tem por objetivo abranger a máxima amplitude na descrição, explicação e compreensão do objeto de estudo. Parte de princípios que sustentam que é impossível conceber a existência isolada de um fenômeno social. Enquanto os métodos quantitativos pressupõem uma população de objetos de estudo comparáveis, que fornecerá dados que podem ser generalizáveis, os métodos qualitativos poderão observar, diretamente, como cada indivíduo, grupo ou instituição experimenta, concretamente, a realidade pesquisada.

A pesquisa qualitativa é útil para identificar conceitos e variáveis relevantes de situações que podem ser estudadas quantitativamente. É inegável a riqueza que pode ser explorar os casos desviantes da "média" que ficam obscurecidos nos relatórios estatísticos. Também é evidente o valor da pesquisa qualitativa para estudar questões difíceis de quantificar, como sentimentos, motivações, crenças e atitudes individuais. A premissa básica da integração repousa na ideia de que os limites de um método poderão ser contrabalançados pelo alcance de outro. Os métodos qualitativos e quantitativos, nesta pers-

---

[25]Triangulação é uma metáfora tomada emprestada da estratégia militar e da navegação, que se utiliza de múltiplos pontos de referência para localizar a posição exata de um objeto.

pectiva, deixam de ser percebidos como opostos para serem vistos como complementares.

Um exemplo de integração de observação participante e *survey* é o estudo de Neuma Aguiar[26] no Cariri, uma região no sul do Ceará, sobre os modos de organização social da produção na transformação de três tipos de matéria-prima. A pesquisadora procurou observar as atividades envolvidas na produção do milho, do barro e da mandioca, assim como as representações ocupacionais elaboradas pelos próprios trabalhadores. Aguiar afirma que os dados da observação participante são profundos "na medida em que atingem níveis de compreensão dos fatos sociais não alcançados pelos *surveys*". Por outro lado, os dados dos *surveys* atingem um nível de mensuração que a observação participante não pode atingir. A autora propõe que um modo de superar a dificuldade de generalização dos dados qualitativos e a dificuldade de interpretação das correlações alcançadas pelos *surveys* é tentar integrar os dois métodos. Para aumentar a variabilidade dos dados de forma a situar o fenômeno estudado em um contexto mais abrangente, propõe que as categorias relevantes, selecionadas por meio do processo de observação participante, sejam empregadas de modo amplo e sistemático com a utilização do questionário. Durante seis meses, a autora estudou, através da observação parti-

---

[26] Neuma Aguiar. "Observação participante e '*survey*': uma experiência de conjugação" em *A aventura sociológica*. Rio de Janeiro: Zahar, 1978.

cipante, duas indústrias de produtos cerâmicos e duas indústrias de farinha de milho. Também recolheu, por meio de entrevistas e documentos, dados sobre uma fábrica de fécula de mandioca que havia fechado. Foram aplicados, depois disso, 250 questionários.

A autora afirma que a generalização não é o único objetivo de sua pesquisa, e que a observação participante foi de fundamental importância para explorar o tema e levantar hipóteses, para questionar as categorias de seu vocabulário (que não foram compreendidas pelos trabalhadores), para especificar os conceitos e as perguntas de seus questionários. Aguiar demonstra que a combinação do *survey* com a observação participante possibilitou ir além das generalizações sobre o processo de industrialização na região, e permitiu a compreensão das representações dos trabalhadores sobre suas atividades.

Outro exemplo de integração de dados qualitativos e quantitativos é a minha pesquisa sobre amantes de homens casados. Fiz entrevistas em profundidade com oito mulheres que viveram a situação de amantes, em um primeiro estudo. Em seguida, entrevistei nove homens casados que refletiram sobre as suas experiências extraconjugais. Por fim, realizei um estudo de caso, em que entrevistei o homem casado, sua amante e toda a sua família (pai, mãe, duas irmãs e um irmão).[27] Além destes dados qualitativos, foram

---
[27]Mirian Goldenberg. *A Outra*. Rio de Janeiro: Record, 1997.

fundamentais para as minhas conclusões as análises demográficas feitas por Elza Berquó, a partir dos dados do censo de 1980.

Berquó percebeu que, entre a população com mais de 65 anos, somente 32% das mulheres estavam casadas enquanto 76% dos homens estavam casados. A maior mortalidade dos homens — e também o fato de o homem brasileiro casar com mulheres mais jovens que ele — gera este desequilíbrio. "As mulheres têm até os 30 anos, no máximo, chances iguais às dos homens."[28] Berquó levanta a hipótese de que no Brasil existe uma poligamia disfarçada, já que as mulheres sem possibilidades de casamento acabam se unindo a homens casados.

Neste caso, apenas para ilustrar, os dados quantitativos revelam uma realidade demográfica e as entrevistas em profundidade retratam como cada mulher vivencia esta situação. É interessante como minhas entrevistadas se queixam que "falta homem no mercado", constatação que pode ser facilmente verificada pelos dados do censo.

Os dados do IBGE sobre idade, sexo e estado civil foram usados para pensar situações complexas, não quantificáveis, como a situação de ser amante de um homem casado. Estes dados ajudaram a interpretar o discurso e a compreender a situação de uma forma

---

[28]Elza Berquó. "A família no século XXI" em *Ciência Hoje*. Vol. 10, nº 58, outubro 1989, p. 64.

mais ampla. Interpretados à luz da minha questão, concluo que as mulheres têm menos chances de casar e esta pode ser uma possível explicação para a situação da amante. Sem os dados do IBGE, poderia me restringir às explicações dos pesquisados: a ideia de que o fato de ser amante deve corresponder a um tipo determinado de personalidade de mulher "que não se valoriza" ou que "não quer compromisso". A integração dos dados quantitativos e qualitativos permite verificar a tensão existente entre a "escolha individual" e o "campo de possibilidades" das mulheres que são amantes de homens casados.

Creio que demonstro, através de uma análise concreta, que a integração de dados quantitativos e qualitativos pode proporcionar uma melhor compreensão do problema estudado. Na verdade, o conflito entre pesquisa qualitativa e quantitativa é artificial. Arrisco afirmar que cada vez mais os pesquisadores estão descobrindo que o pesquisador deve lançar mão de todos os recursos disponíveis que possam auxiliar à compreensão do problema estudado.

Faça a pergunta certa!

AGORA, DEPOIS DESSA discussão mais teórica, vamos colocar a mão na massa e aprender a construir um projeto de pesquisa. Proponho ao leitor que leia os próximos capítulos pensando em um tema de pesquisa que verdadeiramente o interesse, em qualquer área de conhecimento, e tente transformá-lo em um objeto científico de estudo.

Fazer uma pesquisa significa aprender a pôr ordem nas próprias ideias. Não importa tanto o tema escolhido, mas a experiência de trabalho de pesquisa. Trabalhando-se bem, não existe tema que seja tolo ou pouco importante. A pesquisa deve ser entendida como uma ocasião única para fazer alguns exercícios que servirão por toda a vida. O trabalho de pesquisa deve ser instigante, mesmo que o objeto não pareça ser tão interessante. O que o verdadeiro pesquisador busca é o jogo criativo de aprender como pensar e olhar cientificamente.

Qualquer tema ou assunto da atualidade pode ser objeto de uma pesquisa científica. É preciso ter estudado muito, ter uma sólida bagagem teórica, ter muita experiência de pesquisa para enxergar o que outros não conseguem ver. O pesquisador experiente descobre assuntos que podem parecer banais e os transforma em pesquisas fecundas.

O desejo de reconhecimento não só leva o cientista a comunicar os seus resultados, mas também o influencia na escolha de temas e métodos que tornem seu trabalho mais aceitável pelos seus pares. Quanto maior a consciência de suas motivações, mais o pesquisador é capaz de evitar os desvios (ou *bias*) próprios daqueles que trabalham com a ilusão de serem orientados apenas por propósitos científicos.

Existe uma hierarquia de legitimidade dentro do campo científico traçada de acordo com os temas que dão prestígio, recursos para a pesquisa, cargos universitários, publicações em editoras prestigiadas etc. Assim, falar de "liberdade de escolha" neste campo é desconsiderar as pressões (evidentes ou sutis) às quais o pesquisador permanentemente se submete. Tendo consciência de tais pressões, muitas contradições e dificuldades podem ser mais bem compreendidas na escolha de um assunto e na sua formulação como um projeto de pesquisa.

Nesse jogo ou nessa "arte" de fazer pesquisa, o jogador precisa ter alguns atributos para poder entrar no campo científico. Alguns podem ser vistos como internos, atributos pessoais que devem fazer parte do indivíduo que quer ser um pesquisador. Cito, entre eles: ética, curiosidade, interesse real, empatia, paciência, paixão, equilíbrio, humildade, flexibilidade, iniciativa, disciplina, clareza, objetividade, criatividade, concentração, delicadeza, respeito ao entrevistado, facilidade para conversar, tranquilidade e organização. Outras qualidades chamarei de externas, porque dependem da formação científica do pesquisador. São elas: bom domínio da teoria, escrever bem, relacionar dados empíricos com a teoria, domínio das técnicas de pesquisa, experiência com pesquisa.

As principais etapas da pesquisa científica envolvem a concepção de um tema de estudo, a coleta de dados, a apresentação de um relatório com os resultados e, em alguns casos, a aplicação dos resultados. Dois passos são necessários para o início da tarefa: a formulação do problema e a elaboração do projeto de pesquisa.

Formulando o problema de pesquisa

Frequentemente, a formulação de um problema é mais essencial que sua solução.

EINSTEIN

COMO FORMULAR UM problema específico que possa ser pesquisado por processos científicos?

O primeiro passo é tornar o problema concreto e explícito por meio:

- da imersão sistemática no assunto;
- do estudo da literatura existente;
- da discussão com pessoas que acumularam experiência prática no campo de estudo.

A boa resposta depende da boa pergunta! O pesquisador deve estar consciente da importância da pergunta que faz e deve saber colocar as questões necessárias para o sucesso de sua pesquisa.

O pesquisador ao escolher seu objeto de estudo deve pensar:

1. como identificar um tema preciso (recorte do objeto);
2. como escolher e organizar o tempo de trabalho;
3. como realizar a pesquisa bibliográfica (revisão da literatura);
4. como organizar e analisar o material selecionado;
5. como fazer com que o leitor compreenda o seu estudo e possa recorrer à mesma documentação caso retome a pesquisa.

Para tanto, o objeto de estudo deve responder aos interesses do pesquisador e ter as fontes de consulta acessíveis e de fácil manuseio. Quanto mais se recorta o tema, com mais segurança e criatividade se trabalha.

O estudo científico deve ser claro, interessante e objetivo, tanto para as pessoas familiarizadas com o assunto quanto para as que não são. A maior parte dos cientistas se perde em parágrafos herméticos que muitas vezes não são compreendidos nem pelos seus pares. O verdadeiro pesquisador não precisa utilizar termos obscuros para parecer profundo. A profundidade e seriedade do estudo pode ser mais bem percebida se o pesquisador utiliza uma linguagem compreensível para o maior número de leitores.

A pesquisa apresenta diferentes fases. A fase inicial, que pode ser chamada de exploratória, lembra uma "paquera" de dois adolescentes. É o momento em que se tenta descobrir algo sobre o objeto de desejo, quem mais escreveu (ou se interessou) sobre ele, como poderia haver uma aproximação, qual a melhor abordagem dentre todas as possíveis para conquistar este objeto. Em seguida, vem a fase que equivale ao "namoro", uma fase de maior compromisso que exige um conhecimento mais profundo, uma dedicação quase exclusiva ao objeto de paixão. É a fase de elaboração do projeto de pesquisa em que o estudioso mergulha profundamente no tema estudado. A terceira fase é o "casamento", em que a pesquisa exige fidelidade, dedicação, atenção ao seu cotidiano, que é feito de altos e baixos. O pesquisador deve resolver todos os problemas que vão aparecendo, desde os mais simples (como se vestir para realizar as entrevistas) até os mais cruciais (como garantir a verba para a execução da pesquisa). Por último, a fase de "separação", em que o pesquisador precisa se distanciar do seu objeto para escrever o relatório final da pesquisa. É o momento em que é necessário olhar o mais criticamente possível para o objeto estudado, em que é preciso fazer rupturas, sugerir novas pesquisas. É o momento de ver os defeitos e qualidades do objeto amado.

Construindo o projeto de pesquisa

Uma aranha executa operações semelhantes às do tecelão, e a abelha supera mais de um arquiteto ao construir sua colmeia. Mas o que distingue o pior arquiteto da melhor abelha é que ele figura na mente sua construção antes de transformá-la em realidade. No fim do processo do trabalho aparece um resultado que já existia antes idealmente na imaginação do trabalhador.

KARL MARX

A CONSTRUÇÃO DO PROJETO de pesquisa é uma etapa importante e delicada da pesquisa científica. É a partir deste projeto que se delimita o problema que será estudado. É o que se chama de recorte do objeto, pôr ordem nas próprias ideias, sistematizar as questões que serão estudadas. O pesquisador deve ser objetivo e rigoroso ao transformar suas boas ideias em um projeto de pesquisa.

A formulação de um projeto de pesquisa passa por várias etapas:

1. é necessário delimitar o problema dentro de um campo de estudo;
2. é preciso reduzir a tarefa de pesquisa ao que é possível ser realizado pelo pesquisador;
3. é preciso evitar que a coleta de dados seja feita de forma a favorecer uma determinada resposta;
4. é preciso definir os conceitos que serão usados;
5. é necessário prever as etapas do processo de pesquisa, mesmo sabendo-se que elas poderão ser reformuladas.

SUGESTÃO PARA UM PROJETO DE PESQUISA

CAPA

1. INSTITUIÇÃO (local onde será desenvolvida a pesquisa)
2. TÍTULO
3. SUBTÍTULO
4. NOME DO PESQUISADOR
5. MÊS E ANO

I. INTRODUÇÃO

1. Objetivo geral (questão principal da pesquisa, problema a ser resolvido) *(o quê? principal)*
2. Objetivos específicos (questões secundárias a serem respondidas, relacionadas à questão principal) *(os quês? secundários)*
3. Objeto (indivíduo, grupo ou instituição pesquisada) *(quem? onde?)*

II. JUSTIFICATIVA (importância do tema proposto; motivação individual, profissional, social e teórica para escolher o tema) *(por quê?)*

III. HIPÓTESES DE TRABALHO (algo provável, antecipa algo que será ou não confirmado) *(eu acredito que)*

IV. DISCUSSÃO TEÓRICA (contextualizar o tema dentro do debate teórico existente; principais conceitos e categorias; estudos precedentes: diálogo com os autores) *(a partir de quem?)*

V. METODOLOGIA (caminhos possíveis, instrumentos e fontes de pesquisa) *(como?)*

VI. CRONOGRAMA *(quanto tempo?)*

Por exemplo:
Etapa   I: revisão da bibliografia
Etapa   II: construção dos instrumentos de pesquisa
Etapa III: entrevistas
Etapa IV: análise do material coletado
Etapa   V: redação do trabalho final

VII. REFERÊNCIAS BIBLIOGRÁFICAS (livros e artigos citados)

Os passos da pesquisa

A pesquisa é talvez a arte de se criar dificuldades fecundas e de criá-las para os outros. Nos lugares onde havia coisas simples, faz-se aparecer problemas.

PIERRE BOURDIEU

O INÍCIO DA PESQUISA depende da escolha do tema de estudo; da delimitação do problema; da definição do objeto a ser pesquisado e dos objetivos a serem atingidos; da construção do referencial teórico; da formulação de hipóteses e da elaboração dos instrumentos de coleta de dados.

Com relação ao tema de estudo, vale lembrar mais uma vez que a escolha de um assunto não surge espontaneamente, mas decorre de interesses e circunstâncias socialmente condicionadas. Essa escolha é fruto de determinada inserção do pesquisador na sociedade. O olhar sobre o objeto está condicionado historicamente pela posição social do cientista e pelas correntes de pensamento existentes.

A pesquisa científica requer flexibilidade, capacidade de observação e de interação com os pesquisados. Seus instrumentos devem ser corrigidos e adaptados durante todo o processo de trabalho, visando aos objetivos da pesquisa. No entanto, não se pode iniciar uma pesquisa sem se prever os passos que deverão ser dados.

Um dos primeiros passos do pesquisador é o de definir alguns conceitos fundamentais para construir o quadro teórico da pesquisa. Toda construção teórica é um sistema cujos eixos são os conceitos, unidades de significação que definem a forma e o conteúdo de uma teoria. Categorias são os conceitos mais importantes dentro de uma teoria.

Em seguida, o pesquisador deverá estabelecer as hipóteses de seu estudo. Hipóteses são afirmações provisórias a respeito de determinado fenômeno em estudo. Uma hipótese é uma suposição duvidosa, algo provável, que poderá ser posteriormente confirmada ou rejeitada. É necessário que as hipóteses sejam claras, estejam relacionadas com os fenômenos concretos que se pretende estudar e com a teoria. As hipóteses podem ser criadas a partir dos resultados de outros estudos ou de um conjunto de teorias.

Qualquer pesquisa está situada dentro de um quadro de preocupações teóricas. A leitura da bibliografia deve ser um exercício de crítica, na qual devem ser destacadas as categorias centrais usadas pelos diferentes autores. Este é um exercício de compreensão fundamental para a definição da posição que o pesquisador irá adotar.

Fichamento da teoria

Durante o período de coleta de dados, o pesquisador deve organizar o material pesquisado de tal forma que na hora da análise e do relatório final não se sinta perdido. O fichamento dos livros lidos, a partir das questões da pesquisa, é uma forma prática de juntar a teoria e o material empírico.

Apesar de existirem regras metodológicas para cada etapa da pesquisa científica, a marca pessoal do pesquisador é imprescindível. Afinal, cada estudioso sabe como apreende e analisa melhor o seu trabalho. Assim, vou mostrar como faço meus fichamentos e o leitor pode inventar o seu próprio estilo para aproveitar ao máximo cada livro lido.

Uma das minhas primeiras regras é compreender bem o que o autor quer dizer com seu texto. Para isso, é necessária uma primeira leitura em que sublinho o livro e escrevo meus comentários pessoais no próprio texto. Muitas pessoas tratam o livro como uma preciosidade que não pode ser tocada. Livros não foram feitos para serem guardados mas para serem usados, assimilados, compreendidos. Meus livros são totalmente sublinhados com lápis e canetas coloridas, que mostram o verdadeiro debate de ideias que mantenho com os autores nos próprios livros. Resumo as ideias principais, discordo, questiono, lembro de outros autores que escreveram sobre o tema... tudo nas margens de cada página. Se o livro não me pertence, tiro xerox e encaderno, ficando livre para sublinhar e escrever tudo o que quero na cópia.

Na primeira leitura, anoto as ideias que vão surgindo, indicando livros a consultar e ideias a desenvolver. Quando necessário, busco dados sobre determinado autor e referências de suas obras. Faço depois uma releitura, já com um roteiro estabelecido do que interessa fichar. Para diferentes estudos, faço diferentes fichamentos do mesmo livro, porque são questões diferentes que me interessam a cada pesquisa.

É importante lembrar: o fichamento pode ser feito em um caderno ou em fichas compradas numa papelaria. Após entrar na era da informática, abandonei os cadernos e passei a fazer o fichamento diretamente no computador, o que facilita muito no momento de redigir o texto final.

Para a ficha de resumo do livro, começo com as referências do autor. Por exemplo:

Goldenberg, Mirian. *Toda mulher é meio Leila Diniz.* Rio de Janeiro: Record, 1995.

Depois faço um roteiro de leitura e tento responder às seguintes questões:

1. Qual o objetivo da autora?
2. Com que outros autores está dialogando ou discutindo (explícita ou implicitamente)?
3. Quais as categorias utilizadas? (Como são definidas?)
4. Quais as suas hipóteses de trabalho?
5. Qual a metodologia utilizada em sua pesquisa?
6. Qual a importância de seu estudo no campo em que está inserido? (O que a autora diz? O que eu acho?)
7. A autora sugere novos estudos?
8. Resumo do livro.
9. Minha avaliação crítica do livro.

Para a ficha de citações, também inicio com as referências do autor. Depois transcrevo literalmente, entre aspas, todos os parágrafos que considerei importantes para o meu estudo, com a referência da página em que aparece. Se depois eu quiser citar este trecho no meu relatório final, basta reproduzi-lo e introduzir o sobrenome do autor e o ano da publicação.

Por exemplo:

Goldenberg, Mirian. *Toda mulher é meio Leila Diniz*. Rio de Janeiro: Record, 1995.

"Leila Diniz 'inventou' seu lugar no mundo, fez um 'nome', tornou-se palavra autorizada na música de Erasmo Carlos ('Como diz Leila Diniz...'), eternizou seu nome no poema de Drummond ('Leila para sempre Diniz') e passou a ser adjetivo na música de Rita Lee ('Toda mulher é meio Leila Diniz')". (Goldenberg, 1995:221).

Depois desta leitura dirigida, você perceberá a diferença entre lembrar que um autor existe e dominar as suas ideias. A maioria das pessoas sai da faculdade sabendo quais os autores mais importantes em seu campo de conhecimento, mas eles permanecem inacessíveis. Ao fichar um livro, somos obrigados a ler com profundidade, buscando compreender cada ideia e categoria utilizada. Após essa leitura, todos os autores fichados passam a ser nossos amigos íntimos. Com o domínio dos autores podemos estabelecer um diálogo teórico verdadeiro com seus artigos ou livros (e não apenas citá-los). Somente dessa maneira os autores se tornam peças importantes nas interpretações do material coletado na pesquisa.

Entrevistas e questionários

Só existe a ciência do escondido.

BACHELARD

EM PRINCÍPIO, o pesquisador entrevista as pessoas que parecem saber mais sobre o tema estudado do que quaisquer outras. Acredita-se que essas pessoas estão no topo de uma hierarquia de credibilidade, isto é, o que dizem é mais verdadeiro do que aquilo que outras, que não conhecem tão bem o assunto, diriam. Na verdade, o pesquisador não deve se limitar a ouvir apenas estas pessoas. Deve também ouvir quem nunca é ouvido, invertendo assim esta hierarquia de credibilidade.

Um dos principais problemas das entrevistas e questionários é detectar o grau de veracidade dos depoimentos. Ao trabalhar com estes instrumentos de pesquisa é bom lembrar que lidamos com o que o indivíduo deseja revelar, o que deseja ocultar e a imagem que quer projetar de si mesmo e de outros. A personalidade e as atitudes do pesquisador também interferem no tipo de respostas que ele consegue de seus entrevistados.

As entrevistas e questionários podem ser estruturados de diferentes maneiras:

1. podem ser rigidamente padronizados: as perguntas são apresentadas a todas as pessoas exatamente com as mesmas palavras e na mesma ordem, de modo a assegurar que todos os entrevistados respondam à mesma pergunta, sendo as respostas mais facilmente comparáveis. Tais perguntas podem ser do tipo:
    a. fechadas: as respostas estão limitadas às alternativas apresentadas. São padronizadas, facilmente aplicáveis, analisáveis de maneira rápida e pouco dispendiosa. Uma de suas desvantagens é que as pessoas limitam suas respostas às alternativas apresentadas, mesmo quando há outras razões;
    b. abertas: resposta livre, não limitada pelas alternativas apresentadas, o pesquisado fala ou escreve livremente sobre o tema que lhe é proposto. A análise das respostas é mais difícil;
2. podem ser assistemáticos: solicitam respostas espontâneas, não dirigidas pelo pesquisador. A análise do material é muito mais difícil;

3. entrevista projetiva: utiliza recursos visuais (quadros, pinturas, fotos) para estimular a resposta dos pesquisados.

O pesquisador deve ter em mente que cada questão precisa estar relacionada aos objetivos de seu estudo. As questões devem ser enunciadas de forma clara e objetiva, sem induzir e confundir, tentando abranger diferentes pontos de vista.

Se o pesquisador decidir enviar um questionário pelo correio ou por e-mail, não deverá esquecer de escrever um forte apelo para que o pesquisado o responda o mais brevemente possível. Para que isso ocorra, é fundamental uma apresentação explicando o que está fazendo, por que o faz e para quem. A apresentação deve ser breve mas não deixar nada sem explicação. O indivíduo pesquisado precisa ser convencido da importância de sua resposta para o sucesso da pesquisa. É importante a garantia de anonimato: não se deve pedir nomes nem fazer perguntas que facilitem a identificação.

No caso da entrevista, é importante a apresentação do pesquisador por uma pessoa de confiança do pesquisado (esta pessoa que irá intermediar o primeiro contato será responsável pela primeira imagem. Em função deste primeiro encontro, portas se abrirão ou se fecharão). Também aqui é preciso garantir o anonimato do entrevistado, caso seja necessário.

Vantagens do questionário:

1. é menos dispendioso;
2. exige menor habilidade para a aplicação;
3. pode ser enviado pelo correio, por e-mail ou entregue em mãos;
4. pode ser aplicado a um grande número de pessoas ao mesmo tempo;
5. as frases padronizadas garantem maior uniformidade para a análise;
6. os pesquisados se sentem mais livres para exprimir opiniões que temem ser desaprovadas ou que poderiam colocá-los em dificuldades;
7. menor pressão para uma resposta imediata, o pesquisado pode pensar com calma.

Desvantagens do questionário:

1. tem um índice baixo de resposta;
2. a estrutura rígida impede a expressão de sentimentos;
3. exige habilidade de ler e escrever e disponibilidade para responder.

Vantagens da entrevista:

1. pode coletar informações de pessoas que não sabem escrever;

2. as pessoas têm maior paciência e motivação para falar do que para escrever;
3. maior flexibilidade para garantir a resposta desejada;
4. pode-se observar o que diz o entrevistado e como diz, verificando as possíveis contradições;
5. instrumento mais adequado para a revelação de informação sobre assuntos complexos, como as emoções;
6. permite uma maior profundidade;
7. estabelece uma relação de confiança e amizade entre pesquisador e pesquisado, o que propicia o surgimento de outros dados.

Desvantagens da entrevista:

1. o entrevistador afeta o entrevistado;
2. pode-se perder a objetividade tornando-se amigo. É difícil se estabelecer uma relação adequada;
3. exige mais tempo, atenção e disponibilidade do pesquisador: a relação é construída num longo período, uma pessoa de cada vez;
4. é mais difícil comparar as respostas;
5. o pesquisador fica na dependência do pesquisado: se quer ou não falar, que tipo de informação deseja dar e o que quer ocultar.

Ao construir a entrevista ou questionário, o pesquisador deve:

1. decidir que informação deve ser procurada (dados de história pessoal: idade, educação, emprego; dados de comportamento; dados sobre outras pessoas; sentimentos, valores, razões, fatores objetivos e subjetivos);
2. decidir o conteúdo da pergunta (é necessária esta pergunta? Qual a sua utilidade? As pessoas têm informação necessária para responder à pergunta? Deve a pergunta ser mais concreta, específica e mais diretamente ligada à experiência pessoal de quem responde?);
3. decidir como redigir a pergunta (a pergunta é difícil? Exprime com clareza as ideias desejadas? Deve ser mais direta?);
4. decidir o lugar na sequência apresentada (é influenciada pelo conteúdo das perguntas anteriores? Deve ser apresentada mais cedo ou mais tarde para despertar interesse e atenção?);
5. decidir que tipo de entrevista ou questionário deve ser usado (aberto, fechado, aberto e fechado);
6. redigir um primeiro rascunho;
7. após a crítica de outras pessoas, reexaminar e rever as perguntas;
8. aplicar e discutir com os entrevistados as dificuldades (pré-teste);
9. reelaborar a entrevista ou questionário.

Algumas "dicas" são necessárias para introduzir o pesquisador na arte de elaborar um questionário e uma entrevista. Mesmo correndo o risco de repetir o já dito, eis algumas regras básicas.

Antes de mais nada, por mais que pareça óbvio, é preciso conhecer bem o assunto, examinar as pesquisas e as reflexões já feitas sobre o tema para então estabelecer um roteiro. O estudioso precisa estar muito bem preparado antes de abordar o grupo pesquisado, saber o máximo possível e não fazer perguntas desnecessárias, cujas respostas poderiam ser encontradas em outras fontes (jornais, revistas, livros, internet etc.). O pesquisador deve ser o maior conhecedor do tema estudado. A entrevista ou questionário são instrumentos para conseguir respostas que o pesquisador não conseguiria com outros instrumentos.

Como qualquer relação pessoal, a arte de uma entrevista bem-sucedida depende fortemente da criação de uma atmosfera amistosa e de confiança. As características pessoais do pesquisador e pesquisado são decisivas. É muito importante não se criar antagonismo ou suspeita nas primeiras abordagens. As atitudes e opiniões do pesquisador não podem aparecer em primeiro plano. Ele deve tentar ser o mais neutro possível, não sugerindo respostas.

É sempre útil começar com perguntas mais fáceis e não ir longe demais no início. O pesquisador precisa respeitar as limitações do pesquisado quanto ao local e ao tempo da entrevista. Deve-se ir bem preparado para aproveitar ao máximo a entrevista ou questionário e registrar adequadamente. O pesquisador deverá de imediato transcrever as entrevistas a fim de, ao realizar novas entrevistas, não repetir questões e dominar cada vez mais o assunto.

Pensando como um cientista

A ciência não tem sentido porque não responde à nossa pergunta, a única pergunta importante para nós: o que devemos fazer e como devemos viver?

Tolstói

APÓS REALIZAR AS entrevistas ou aplicar os questionários no grupo escolhido, chegou o momento de organizar os dados recolhidos e começar a analisar todo o material. É o ponto em que se exige muita sensibilidade para que se aproveite o máximo possível dos dados coletados e da teoria estudada. Esta capacidade de articular teoria e dados empíricos é uma das maiores riquezas do cientista. Ele tem um olhar preparado para analisar cada dado coletado em relação a um corpo de conhecimento acumulado por outros estudiosos. Ele pode aproveitar pequenos detalhes que passariam despercebidos por uma pessoa sem este preparo. Quanto mais bem informado for o pesquisador, maior a riqueza de suas análises.

Análise e relatório final

Chegou a hora de reunir a teoria com os dados coletados através de entrevistas, questionários ou observações. Uma boa "dica" para o pesquisador não se perder na hora de reunir todo este material (às vezes coletado durante muitos anos) é começar a análise logo após coletar cada entrevista ou questionário.

Deve-se analisar comparativamente as diferentes respostas, as ideias novas que aparecem, o que confirma e o que rejeita as hipóteses iniciais, o que estes dados levam a pensar de maneira mais ampla. Este momento exige muito tempo de reflexão e dedicação para se tirar o máximo de ideias de cada resposta conseguida. É o ponto em que se percebe com mais nitidez o estilo do pesquisador: seu conhecimento teórico acumulado durante anos, sua criatividade para analisar cada dado e seu bom senso. Muitos pesquisadores deixam para escrever seus relatórios poucos dias antes da data de entrega, o que empobrece suas análises e conclusões. Planeje com muita antecedência para não incorrer neste grave erro.

Após a análise, é preciso escrever o relatório da pesquisa. No caso de o projeto ter sido bem construído, o relatório fluirá com facilidade, pois já existe um roteiro claro e objetivo do que deve ser abordado.

Meus relatórios de pesquisa começam com uma introdução onde retomo o objetivo geral do estudo e os objetivos específicos a ele relacionado. Familiarizo o leitor com as minhas ideias iniciais, antes de fazer a pesquisa propriamente dita: o que esperava encontrar, quais hipóteses de trabalho me nortearam, qual grupo escolhi e as razões para esta escolha, quais os conceitos principais e os autores nos quais me apoiei. É um panorama da pesquisa.

Além disso, retomo também a justificativa, a importância da pesquisa para o campo científico no qual estou inserida e para a sociedade de forma mais ampla.

Em seguida, introduzo a discussão teórica com os autores que são importantes para a análise do material coletado. Lembro que a discussão teórica não é uma mera soma de citações dos autores, mas um verdadeiro diálogo com suas ideias principais. Para tornar esse diálogo produtivo é necessário um domínio completo de cada autor e não uma mera utilização de suas melhores frases.

Para mostrar o material empírico que recolhi, inicio relatando cada passo da coleta dos dados. As dificuldades que encontrei, as pessoas que se recusaram a dar entrevista ou a responder ao questionário, as perguntas que não foram respondidas, o que foi conseguido e o que não foi, quem colaborou e quem não colaborou com o estudo. É importante analisar tanto o que foi dito como o "não dito" pelos pesquisados. É preciso interpretar este "não dito", buscar uma lógica da "não resposta". É a hora de exercitar o olhar crítico sobre a pesquisa e verificar quais foram os objetivos iniciais e o que realmente foi alcançado. Somente após explicitar o que se pretendia e os limites do que foi pesquisado, pode-se começar a análise do material coletado. Muitos relatórios de pesquisa parecem isentos de dificuldades porque se restringem aos resultados alcançados, sem registrar o que não foi conseguido. A pesquisa parece mais fácil e, também, mais pobre, ao ser isolada de todo o processo feito pelo pesquisador.

Depois da análise do material coletado, escrevo as considerações finais, que são uma síntese das ideias principais da pesquisa e sugestões para novos estudos a serem realizados pelo próprio pesquisador ou por outros. Por fim, as referências bibliográficas e os anexos.

O objetivo do relatório é permitir a comunicação da pesquisa para um público mais amplo, que pode ser a agência que financiou o projeto, a universidade, os colegas de profissão. É um momento difícil da pesquisa: como construir um todo desta multiplicidade de material? Como evitar que as conclusões não sejam meros reflexos da predisposição do pesquisador e sim resultados da análise do objeto de estudo? Como impedir que se apresente um excesso de dados com uma escassez de análise? A quem se destina o relatório: a colegas de profissão ou ao público em geral? O que esse público deseja ou precisa saber a respeito do estudo? Qual a melhor forma de apresentar essa informação? Qual a dificuldade e a complexidade do assunto? Por que e para quem fazemos nossas pesquisas?

A fim de dar a informação necessária, o relatório deve conter:

a. apresentação do problema a que se refere o estudo. Para esclarecer as razões por que o problema merecia ser pesquisado, deve ser apresentado material suficiente sobre os antecedentes do estudo (resumo de outras pesquisas significativas), de forma que este possa ser visto num contexto mais amplo. Devem ser apresentadas as hipóteses do estudo e as definições dos principais conceitos ou categorias;

b. os processos de pesquisa, o planejamento do estudo, a técnica de coleta de dados e o método de análise empregado. O plano da pesquisa deve ser apresentado em detalhes: o que realmente ocorreu *versus* o que foi originalmente traçado. Os dados foram coletados por meio de questionários ou entrevistas? Quais as perguntas apresentadas? (Deve ser incluído em anexo o questionário ou o roteiro de entrevista.) Quais e quantos foram os sujeitos do estudo? Como foram selecionados?

c. os resultados. O pesquisador deve evitar focalizar só os aspectos positivos e encobrir as dificuldades do processo de pesquisa. O relatório deve dar aos leitores o resultado completo do estudo, com pormenores suficientes que permitam compreender os dados e determinar a validade das conclusões;
d. as consequências dos resultados. Perguntas que não foram respondidas e sugestões de novas pesquisas para respondê-las;
e. Principais conclusões.

Em síntese, o relatório final da pesquisa deve conter:

1. Capa
   (dedicatória)
   (agradecimentos)
   (resumo)
   (epígrafe)
2. Sumário
3. Introdução
4. Justificativa
5. Discussão teórica
6. Descrição do plano de estudo e do método de coleta de dados
7. Apresentação dos resultados
8. Análise, interpretações e conclusões
9. Referências bibliográficas
10. Anexos

Algumas palavras finais

Somente os homens que creem apaixonadamente nos valores e põem em jogo uma vontade apaixonada podem chegar a ser grandes cientistas.

SOMBART

QUERO LEMBRAR QUE, apesar da aparente simplicidade das ideias colocadas e da falta de citações complicadas de autores importantes, li dezenas de livros de metodologia de pesquisa e dei centenas de aulas para alunos de graduação e pós-graduação antes de escrever este livro. Portanto, coerente com tudo o que foi escrito, acredito que ideias sérias podem ser passadas com clareza e objetividade. Fiz um trabalho de tradução do complexo para o simples, buscando manter as regras principais para iniciar um pesquisador no jogo científico. Em nenhum momento pretendi fazer um tratado exaustivo de metodologia científica, mas apenas passar algumas "dicas" que sigo em minhas próprias pesquisas.

Espero que este livro tenha sido útil e que cada leitor tenha adquirido uma maior confiança e autonomia na "arte de pesquisar", tornando-se capaz de exercitar um novo olhar e uma nova postura dentro de sua profissão. Gostaria de encontrar, brevemente, muitos leitores apresentando suas pesquisas em congressos científicos nacionais e internacionais. Até lá!

Glossário

O problema central da metodologia de pesquisa é a definição do que é e do que não é ciência. Em função deste problema, eis aqui alguns conceitos básicos que devem fazer parte de um dicionário de pesquisa (que poderá ser modificado e ampliado por cada pesquisador).

Ciência

A ciência é um conjunto organizado de conhecimentos relativos a um determinado objeto obtidos por meio da observação e da experiência. Ao contrário do que muitos professam, a ciência não é universalmente neutra, mas efeito de uma realidade particular. É um corpo de conhecimentos sistemáticos, adquiridos com um método próprio, em um determinado meio e momento. O conhecimento de hoje pode ser negado amanhã, o que faz da ciência um processo em constante criação e não uma verdade absoluta. A ciência dá soluções na medida em que levanta novos problemas. Assim, a ciência está muito mais próxima de nossa ignorância do que de nossas certezas.

A característica que marca a diferença entre cientista e leigo é o processo de obtenção e transmissão de conhecimento. O conhecimento científico é organizado, crítico, claro e é submetido a uma série de controles que garantem uma alta probabilidade de ser verdadeiro.

O estudo científico deve obedecer aos seguintes critérios:

a. Coerência: falta de contradição, premissas não conflitantes e conclusões congruentes;
b. Consistência: capacidade de resistir a argumentações contrárias;
c. Originalidade: produção não repetitiva, representando real contribuição para o conhecimento científico;
d. Objetivação: esforço controlado de conter a subjetividade nos limites da suposta objetividade.

Sendo a ciência um produto social, o caráter de cientificidade é atribuído pela comunidade científica. É a comunidade científica que decide as questões que são estudadas e as que são ensinadas. É ela que recompensa os cientistas que têm êxito, com melhores salários, cargos e com a publicação dos seus estudos, e pune os que violam as regras com o descrédito e o esquecimento de seus trabalhos.

Método

[Do grego *méthodos* = "caminho para chegar a um fim".]
Método científico é a observação sistemática dos fenômenos da realidade por meio de uma sucessão de passos, orientados por conhecimentos teóricos, buscando explicar a causa desses fenômenos, suas correlações e aspectos não revelados. É a maneira como o homem usa os instrumentos de pesquisa para desvendar o mundo. É por meio do método científico que novas teorias são incorporadas e que conhecimentos anteriores são revistos, de acordo com os resultados de novas pesquisas.

A característica essencial do método científico é a investigação organizada, o controle rigoroso de suas observações e a utilização de conhecimentos teóricos.

Metodologia

[Do grego *méthodos* + *lógos*.]
Método significa organização; -logia quer dizer estudo sistemático, pesquisa, investigação. Metodologia significa, etimologicamente, o estudo dos caminhos a serem seguidos, dos instrumentos usados para se fazer ciência. A metodologia faz um questionamento crítico da construção do objeto científico, problematizando a relação sujeito-objeto construído. Diante de uma

objetividade impossível, a metodologia busca uma subjetividade controlada por si mesma (autocrítica) e pelos outros (crítica).

Pesquisa

Pesquisa é a construção de conhecimento original, de acordo com certas exigências científicas. É um trabalho de produção de conhecimento sistemático, não meramente repetitivo, mas produtivo, que faz avançar a área de conhecimento a qual se dedica. Uma pesquisa necessita o cumprimento de três requisitos:

a. a existência de uma pergunta que se deseja responder;
b. a elaboração de um conjunto de passos que permitam chegar à resposta;
c. a indicação do grau de confiabilidade na resposta obtida.

O primeiro passo na pesquisa é a delimitação do problema, para o qual o pesquisador recorre a um referencial teórico. É preciso ter uma atitude flexível para realizar as mudanças e ajustes necessários no decorrer do estudo.

Karl Marx dizia que os homens só se colocam os problemas que podem resolver, constatando as conexões da pesquisa com os contextos sociais nos quais ela se inscreve.

De modo geral, os motivos para a proposição de questões de pesquisa são:

- intelectuais — chamadas de pesquisas puras ou básicas, baseadas no desejo de conhecer ou compreender, pela satisfação de conhecer ou compreender e
- práticos — chamadas de pesquisas aplicadas, baseadas no desejo de conhecer a fim de tornar-se capaz de fazer algo melhor ou de maneira mais eficiente. As pesquisas práticas buscam a solução de problemas imediatos dos pesquisadores e das comunidades em que estão inseridos.

Teoria

Teoria é um conjunto de princípios e definições que servem para dar organização lógica a aspectos selecionados da realidade empírica. As proposições de uma teoria são consideradas leis se já foram suficientemente comprovadas e hipóteses se constituem ainda problema de investigação. Na realidade, tanto leis como hipóteses estão sempre sujeitas à reformulação. A essência de uma teoria consiste na sua potencialidade de explicar uma gama ampla de fenômenos por meio de um esquema conceitual ao mesmo tempo abrangente e sintético. A teoria fornece um universo vocabular científico, próprio de cada ciência, facilitando a compreensão dos fenômenos e a comunicação entre os cientistas. Todas as teorias são provisórias.

Este livro foi composto na tipografia New Century
Schoolbook ST Std, em corpo 11/16, e impresso em
papel off-set no Sistema Digital Instant Duplex
da Divisão Gráfica da Distribuidora Record.